私の起業ものがたり

東峰書房

はじめに

「007は二度死んだ！」でも、「経営者は四度死ぬ！」

起業と言えるかどうかわかりませんが、私が会計事務所をスタートさせて、三七年も経ってしまいました。

その間、商売柄数々の企業経営者に会ってきました。それこそ大小関係なく、ともかくトップと会ってきました。

私自身最初は、会計の専門家としてスタートしました。

が、スタッフが増えてきますと、私自体がマネジメントを覚えなければなりません。

幸い、私は経営書を読むのが大好きでした。実際の経営にも興味がありました。

逆に、従業員が増えてきますと、自社で実験する場ができたという幸運？　にも恵まれました。

そして、あっと言う間の三七年です。

でも、いまだに不十分です。ビジネスはきりがありません。

トップ次第で、大会社さえも変わるという現実を、山ほど見てきました。

ましてや中小は、トップと会社は同義語です。

私見ですが、トップは、三年でマイナーなモデルチェンジ、一〇年でフルモデルチェンジをしないと生き残れない、こう、心底思っています。

会社も同義語です。

ユニクロの柳井正会長は、「売り上げが三倍になったら、自社を大きくチェンジしなければならない」と言っています。

変化できなければ、死です。老化とも戦わなければなりません。

こんな英語があります。

〝You can't teach an old dog new tricks〟（古い犬は、新しい技を覚えない）

老若のスタッフ、幹部いずれも、変化させなければ、衰退か死です。

００７は二度死にました。私は、経営者は、その倍の四度は最低でも死なないといけないと思っています。

さて、弊社（辻・本郷 税理士法人）も法人化（税理士法人設立）して、一〇年経ちました。

弊社も、節目の年になりました。大きな変化、変革が必要です。
今後変化できなければ、死が待っています。問題も山積です。
ですから、弊社も第二創業と名づけました。
うまくいくかどうかは、わかりません。
ビジネスは、正解がありませんからね。
ともあれ、本書は、私の経験を書きました。懺悔の書（笑）でもあります。
決して指南の書ではありません。迷いの書かな（笑）。
いつもながら、東峰書房の根本寛之さんには、大変お世話になりました。
大変ありがとうございました。

二〇一四年二月　本郷孔洋

目次

〈第一ステージ〉

創業の一〇年

一、起業を振り返る前に
二、開業のきっかけと動機

一、起業を振り返る前に

［世の中は一〇年周期で変化する］

――時代の変化を読取れ

私の経験では、世の中は一〇年周期で、大きく変わってきました。

税務の世界に、税目というのがあります。所得税、法人税、資産税という具合に税の専門別の呼び名のことを指します。

スターとして脚光を浴びる税目が、一〇年ごとに変わってきました。

これが、経済の変化のカガミではないだろうか、と思うのです。

私の知っている最初のスター税目は、所得税でした。確か、昭和三〇年代から確定申告の制度が始まって、個人事業者の確定申告が急増した時期です。

日本の高度成長が始まって、個人事業者が急増した時期だったんですね。

次のスターは、法人税でした。個人事業者が大きくなり、猫も杓子も法人成りした時代です。

高度成長第二期ともいうんでしょうか？

日本の快進撃の時代、確か昭和四〇年代です。

そして、バブル。

相続税等、税目のスターは、資産税です。何しろ、毎年路線価が、倍々ゲームで上がっていきました。

これは、昭和の終わりから、平成にかけてです。

今考えてみると、資産税が盛んということは、もう日本は成熟して、投資先が、土地とか株とかしかなかったんだな、と思います。

ジャパンアズナンバーワンの本が出たときは、日本は盛りが過ぎていたんですね。

当時浮かれていた私とて、反省しきりですが、後の祭り（笑）。

それから、失われた一〇年が始まりました。

次のスター税目は、少しマイナーになりますが、外資がからむ税務です。

ハゲタカファンドと称せられた外資のファンド、あるいは、外資の子会社にからむ、ストックオプションの税務。

ファンドが注目されたのもその時期です。ＳＰＣの税務、会計も盛んでした。

税目が、所得税、法人税で、クロスオーバーの税務です。

そして、その後の一〇年、日本の企業は大きな再編の時代に突入します。

すると、連結納税、再編税制、事業再生等、かなり専門的な法人税の税目がクローズアップされてきました。

いよいよ、企業は、本格的な生き残りをかけた戦いの始まりです。

弊社にも、その再編専門部隊があります。やはり忙しいですね。

さて、今後の一〇年です。

私見ですが、日本は完全にストック型社会が浸透します。

いわば資産の大衆化の時代、税目では、相続税です。

又、中小企業は、事業承継の問題が大きくクローズアップされました。

M&Aまで含んだ、税務が盛んになってきています。

そして、日系企業の海外進出に合わせた、国際税務、これもキモの一つです。

もう、グローバルに市場を求めないとダメな時代であると、税務からも読み取れます。

これを、ちょっとまとめてみますね。

日本経済の変化		流行の税目
日本の高度成長 第一期	第一期 製造業の時代	所得税
日本の高度成長 第二期	第二期 製造業の時代	法人税
バブル期	サービス化社会への 移行	資産税
失われた10年	ファンドの時代	外資にまつわる 税務
その後の10年	生き残りの時代	法人税 （再編税制等）
そして 今後の10年	ストック型社会・ グローバル化	資産税・国際税務

［経営者は四度跳ぶ］

――トレンドは、三年モデルチェンジ、一〇年フルモデルチェンジ

世の中が一〇年周期で大きく変化すると書きました。

その世の中の変化に合わせて、経営者も変身し、自社を飛躍させなければなりません。

蝶は、四度変身（注一）するそうです。経営者もビジネス人生があるとすれば、四度は変身、そして跳ばなければならないのではないか？これは私の仮説です。

（注一）蝶の一生は大まかに分けると、卵、幼虫、蛹、成虫の四ステージあります。これはよく教科書などで見られる説明ですが、実際にはもう少し細かく分けてみる事が出来ます。（中略）完全変態とは、一生を卵、幼虫、蛹、成虫と成長とともに体の仕組みや形を変えていく事です。このように体の仕組みや形を変えることを変態といいます。」（ネットより）

私のビジネス人生（会計事務所の経験）を見ても、確かに一〇年ごとに大きな変化がありました（正確には、一〇年プラスアルファかかっていますが）。

① 税理士事務所創業の一〇年

② 飛躍と混迷の一〇年

③税理士法人制度導入と合併の一〇年

④そして、これからの一〇年（二一～三年で変わらなければ、衰退か死です。）

POINT

社会はおよそ一〇年の周期で大きな変化が起こる。業種に関わらず、まずは時代の変化に合わせた経営を進めなければならない。

二、開業のきっかけと動機

［開業前］

――ビジネス人生の出発点

私の第一志望は、ジャーナリストか政治評論家（何故か政治家ではない（笑））になることでした。

大学の専門は政治学科でしたから、ロクに勉強もしませんでしたが、一応大学までは志望通りでしたよね。

何故、政治家ではなく、政治評論家だったのか？

今思うと、祖父が県議会議員（小沢一郎のお父さんの子分）をしていて、選挙の苦労を幼少の時期垣間見たか、お袋が愚痴っていたか、多分その影響ですかね？

だから、会計の仕事は最初面白くなかったですね。

監査法人での仕事ぶりは、評価が芳しくなかったのを今でも覚えています。

できなかったからねー。（笑）

その時の経験から、今でも、どんな不公平と本人が思う評価も客観的には正しい評価ではないかと思っています（笑）。

だから、私は、他人の評価にあまり文句をいわない。その代わり、辛酸はバネになります（後述）。

最初の監査法人の仕事で、そろばんができなくて、往生しました。それで、そろばん検定の教科書を買って、毎朝練習したこともあったかな。

もともと会計を勉強中、「正規の簿記の原則」を簿記の間に「ッ」をつけたり、「先入れ先出し」はトクで、「後入れ先出し」は損だなどと妄想する傾向があって、会計向きな若者ではなかったし（笑）。

ある監査の日、私が合わない、合わないと子会社と親会社の勘定合わせ（計算突合）をして、上司も巻き込んで大騒ぎをした経験を思い出します。

よくよく見てみたら、親会社の未収入金と子会社の未収入金の勘定を合わせていたんで、これでは合うわけがない（笑）。

これは会計を知らない人でもわかります。（親会社の未収入金は子会社の未払金と合わせなければならない。念のため。）

上司にド突かれたなー（笑）。

もっともその直属の上司は天才肌の人で、半日、時間をとってもらって監査の手ほどきをしてもらったことがあります。感動したなー。

もうすっかり内容を忘れましたが、半日ですっかりわかった気になりました。

「知識を単純化した人を天才という」（クラウゼヴィッツ）

――思い出ついでに

監査をしてくると、さらに上の上司のレビューがありました。

ある日、レビューでひっかかり、問題点の再監査を命じられ、くだんの直属の上司と二人で会社を訪問しました。

私は当然、会社の人に問題点を調べるため、資料の請求をしたんですが、その上司は、消しゴムでその問題点を消してしまったのです。

これで問題点は消失です。

「本郷君、これが一番早い」

確かにそうです。
その時、人生は努力だけではないな、と学んだ！（笑）
その上司が奥さんの出産立ち会いで欠勤した時は、その上の上司がカンカンでした。
「自分で産むわけではないのに」。今では怒った方がパワハラですね（笑）。

面接

脱線ついでに、「監査法人の入社の面接」の思い出を少し書きます。

私の仕事の出発は、監査法人からです。

今では、一番大きな監査法人になっていますが、当時でも大きな監査法人でした。

監査法人の創生期の時代で、当時、その事務所は、東西合わせて三〇〇人ぐらいでしたかね。

ちなみに現在は、その監査法人の従業員数は、六〇〇〇人弱です。今昔の感あり！

私は、漠然と就職するなら、大きい方がいいなと思っていました。

それも友人がいない会社がいいなと思ったんですね。

根拠はなかったんですが。

さて、入社面接です。

当時のトップの先生に面接をしていただきました。

その時、その先生が、ダンヒルのライターで、タバコに火をつけたのを今でも忘れません。

当時、ダンヒルのライターは、とても高価なものでした。なにしろ、革のケース入りでしたから。やはり、いい商売だな？　偉くなれれば、こんなライターが買える、うまくすれば、ダンヒルのライターが持てる！

「志望動機不純説」ここでも、発揮です。（笑）

その後、別の偉い人に面接官が代わりました。

「給料はいくら希望する？」

「いくらでもいいです」

どうも、その答えが気に入られたようで、すぐ採用に決まりました。

ホントにそう思っていまして、格好つけたわけではありません。

それに、生活できるような給与水準ではなかったしね。

面接後、すぐ「ヒルメシを食べに行こう」ということになりました。たしか、四人でした。

新人は、私だけだった。面接の後、メシを食いに行く時代。しかも新人の方がたった一人。とてもいい時代でしたね（笑）。

確か、洋食でした。フォークとナイフを使ったことがないので、緊張した覚えがあります。パンがでました。私は、右側のパンに手を伸ばしました。

「オイ、それは俺のだ!」

どうも面接の偉い方のパンに手をつけたようです。その時、パンは左が自分のものだとわかったんですね。(笑)

これで、クビかと思ったんですが、無事採用されました。

【目的なき起業】

――大志を抱くな?

私の仕事の出発は、前述したように監査法人です。大手の監査法人に入社し、三年監査の仕事をしました。それから、三ヶ月の休暇をもらい、イギリスに遊びに行きました。一度は海外に行きたいと思っていましたから。

目的? ブラブラしにです(笑)。

それが、休暇の期間をオーバーしまして、滞在が一年に伸びました。

明らかに就業規則違反です。ですから、帰ってきましたら、監査法人に席がなかったんですね。

「お前はクビだ」というわけです。（笑）

そこで、監査法人を辞めまして、「税理士事務所」を開いたのが、私のビジネスの始まり（起業？のはじまり）です。

「人生目的を持て」と言いますが、私の場合目的を持たないでビジネスを始めた、これが本音です。（笑）「動機不純」「目的なし」だから、正直起業するって感じではなかった（笑）。起業のきっかけも「クビ」から。

しかも当時は、まだなりたかったジャーナリストに未練タラタラで、会計という仕事もそんなに興味がなかったかな？

正直「食えればいい」。こんな感じでした。ですから、起業に大志はいらない。これは私の持論です。

問題は、起業のあとです。

私の経験では、起業の目的を持つこと、事業計画を書くこと等、やる方がもちろんいいのですが、大部分、計画通り行かないんですね。

月並みですが、行き詰まっても、めげない、前に進むことですね。
成功のコツは、「マグロ」です（後述）。

「起業のきっかけは、どうでもいい」

——「マイナス」がきっかけに

私の知り合いで、リストラされたり、会社を辞めざるを得なくて、ビジネスを始めた人たちもいます。クビに感謝するなんて言っていますから、それがきっかけで、結構ビジネスがうまくいっている人が多い。もちろん、目的を持って頑張って成功した人もいますから、起業の動機は、死ぬほど考えなくても、アバウトでいい。これが私の本音です。

なぜ、シリコンバレーが、発展したか？

これは、ＩＢＭが大量のリストラをしたから、人材が外に出て、シリコンバレーに集まったからだと言います。有名な話です。私も何人かＩＢＭ出身の起業家を知っていますが、異口同音に、「リストラが、起業のきっかけ」と言っています。

ヤマト運輸は、当時出入りしていた大手の百貨店から、納品で駐車したのにもかかわらず、駐車料金を取られて、キレたのが個人宅配に事業転換したきっかけでした。その百貨店が、そんな理不尽なことをしなかったら、ヤマト運輸の今日はなかったかもしれません。

格安航空（ＬＣＣ）のはしりのサウスウエスト航空は、航空業界の競争激化で、四台所有の飛行機を1台売却せざるを得なかった。だから、残った三台で、四台分の路線運航を強いられ、結果、ＬＣＣが生まれたと言われています。（『ヤバい経営学』フリーク・ヴァンミューレン著・東洋経済新報社）

「経営者は「マグロ」にならなければならない」

——何がなくても、まず行動

成功した起業家を紹介する本やうわさを聞きますと、共通点があります。なにしろ、行動的だということです。

マグロは動き続けなければ、死にます。まず、行動すること。理屈は後で宅急便です。「休まず、動き続けなければ、死しかない」。こう思って動き続けること。いろいろいいますが、「経営はやってみて初めてわかるもの」です。頭だけでは経営できません。まず行動から、それが出発点です。

かつて、ホリエモンを筆頭に六本木ヒルズ族というベンチャーブームがおきました。

私も興味がありましたので、その手の書籍を読んだり話を聞いたりしまして、思ったのですが、成功のキーワードは、「行動力」です。

成功の要因を一つ挙げるとすれば、社長が「動き回ること」と私は思いました。

ついでですが、その華やかなベンチャー企業のほとんどは残っていません。

週刊誌は面白おかしく、芸能人と鍋パーティーをやっていたので、事業がダメになったと書いています。

でも、私は、次の手が打てなかったのが、衰退の原因ではないかと思っています。

ビジネスモデルは、いくら優れていても、すぐキャッチアップされます。

二段目のロケットが、不発だったんでしょうね。

私も開業一〇年間は、ほとんど休みの記憶がありませんでした。サラリーマンの時、しばしば風邪をひいていましたが、不思議と病気はしない。なぜ？（笑）

そのツケで、あとの二〇年は、病気のデパートで、死ぬ目にあいましたが。

私の事務所を辞めて独立して、しばらくして挨拶に来た元従業員がいました。

「独立してから、一回も休んでいません。全然疲れません」

うちにいる時は、結構風邪をひいて休んでいたのにな一（笑）。

「起業の動機だって不純でかまわない」

——毎日ゴルフ

私は大学の専攻が政治学で、その時の志望がジャーナリストでした。ところが新聞社の試験に落ちて、たまたま会計学専攻の大学院に進んだんですね。結果これが、私の一生の仕事になりました。

その大学院で、会計士の試験と出会ったんですね。

「会計士になったら何か良いことあるの？」

私は、先輩に尋ねました。

「（会計士に）なったら、社長と毎日ゴルフだぜ！」

今思うと極めていい加減な答え。半分以上本気にして（笑）、この道に進みました。

「たいして良い仕事ではないよ」とか「いばらの道が待っている」とか答えられたらこの道

に進まなかったかもしれませんね。

「志望動機は不純でもかまわない」

これは、私の教訓です。

――不純と現実

「高校時代は医師の道を目指していた。慶応大学医学部を受験するも失敗。仕方なく、慶応大学経済学部に入学するが、しばらくして経済学の面白さに目覚める。『目前にある現実を〝天命〟と受け止め、前向きに捉えるきっかけになった』」。

これは、何十年後大成功した、SBIの北尾吉考会長の言葉です。（『日経ビジネス』二〇一一年一〇月三日号・日経BP社）

Facebookだってもともと男女の出あいの場（ネット合コン?）ですし、動機はどうでもいいんですね。

もっと古い話ですと、VHSとベータでビデオ戦争がありました。結局、勝利したのは、VHSでしたが…ピンク系ビデオを武器に売り込んで、普及させたのが勝因だった。これは、関係者間では有名な話です。

又、起業の目的に、ゆめゆめ社会貢献なんて旗印は、最初から上げない方がいい。社会貢献は、事業が成功してからで、十分間に合います。

ある大物の経営者ですが、社会貢献で、奨学財団を作る際、「税金をちゃんと払うことが、最初の社会貢献」と言っていたことをいまでも忘れません。

本音で言えば、あんまり理想を高くすると、私の皮膚感覚ですが、成功の確率が悪いんです（笑）。

ビジネスは、生きた人間が相手です。

くれぐれもそのことを忘れないでください。

――現実は現実、くよくよしない

少し横道に逸れますね。

よく志望が叶わないでくよくよする人がいます。でも、現実は現実、くよくよせず前向きにやる、この方がラクです。世の中、第一志望が叶った人の方が少数です。

又、志望通りに行っても、その後うまくいった確率も低い。

大昔、トヨタ自動車から炭鉱会社に転職した人がいました。親戚中、赤飯を炊いてお祝いしました。でも石炭会社は、まもなく潰れてしまいました。

補足しますと、当時は石炭全盛の時代で、自動車会社はまだマイナーな時代でした。銀座のクラブでは、バンドが「炭坑節」を演奏した石炭全盛の時代です。人生ってそんなもんなんですね（笑）。

なぜ成績優秀者が人生で成功しないか、という特集記事を昔、読んだ記憶があります。覚えているのは、「成績優秀者は、ピークの会社に入るからだ」という答え。

「ピークの会社は、その後、伸びしろがないので、出世しない」成績優秀者に嫉妬した記事でもありましたが（笑）。

［営業がすべて］

――イエス・キリストに学べ

起業のキモはズバリ営業です。

「マーケティング　ファースト」

イエス・キリストの偉さは、「キリスト教を創ったことより、全世界に広げたマーケティング力だ」

ちなみに、宣教師に聞いたんですが、イエス・キリストは、エルサレムの近くの湖か海で、釣り人から、入場料を集めていたそうです。取れた魚の数で、その入場料を従量制にしたんだとか。

――お客さんが欲しい

いまでは当たり前に、営業とか、マーケティングとかを話していますが、開業当時は、営業とはどういうものか、マーケティングなんて全く知りませんでした。

当たり前ですが、監査法人では、会計と監査しか教えてもらっていませんでしたしね。

当時のお客さんが、女性の事務の人を募集して集まらず、とうとう言ったセリフ、「女が欲しい！」（笑）。

このデンで行きますと、定めし私の心境は、「お客さんが欲しい！」。

当時、車のセールスをしていた人が、税理士の資格を取り、開業しました。

間接的ですが、「車のセールスに比べれば、会計の営業は簡単」と言っていると聞いて、ホントにうらやましいと思ったことを思い出します。

──やっぱり難しい

開業して困ったのは、お客さんの獲得。単純ですが、これが一番難しい。寸借詐欺にあったこともありました。少しおかしいなと思ったのですが（笑）。

ある日、お客さんを紹介するといって、見知らぬ人が訪ねて来ました。若い税理士を探しているという。しかも、紹介料を前払いしてくれと言う。

何万円か忘れましたが、当時財布に入っていた金額でしたから、二〜三万円ではなかったかな？

その話を同業の友人にしていましたら、その人の所にも行ったそうです。

「本郷さんよかったよ、話を聞いていたから騙されず済んだ」

詐欺は、騙される方のスケベ心を利用するといいます。実感しましたね（笑）。

飛び込みみたいにして、来た保険のおばちゃん（当時）に、営業に帯同してもらったことがありました。

相手が不在の時、「本郷さん、机の上に名刺を置いて」

「名刺の脇に『よろしくお願いします』と書いて」

正直「こんなことまでしないといけないのか」と、思ったこともありました。

私の同業の友人ですが、同じ頃開業した人がいます。その人は、「飛びこみセールス」をしろと誰かに言われまして、始めました。

成果は？

何軒か廻って門前払い。

究極は、相手が無言で、標識を指差したそうです。その標識には、「押し売り、セールスおことわり」。その後、落ち込んで、しばらくその友人は仕事ができませんでした。

——知人を訪ねてみても

若い時の人脈なぞ、たかが知れています。事業をやっている先輩を訪ねたことがあります。訪ねて行ったら、逆に、「何で、監査法人を辞めた」と散々説教されて、落ち込んだこともありました。

「同情するなら金をくれ」という有名なドラマがありましたが、それこそ「説教するなら、仕事くれ」こんな気持ちでした（笑）。

ブランドもない、一人の青年に仕事なんか、ちゃんとした会社はくれませんよね。

銀行の役員をしていて、起業した人が、言っていました。

電話すると、「居留守使われるんだよなー」。

私みたいに資格を持って、独立が当然と思われる商売でも、相手にされませんでしたから、大会社での脱サラは、プライドが傷つけられることも多いんでしょうね。

起業家は、それに負けない精神、むしろ、自分との戦いが、大変だと思いましたね。


――「営業ができないと、起業は厳しい。」


今思えば、私の場合なんとかなりましたが、三〇年以上前でも、正直営業は大変でした。

今の時代は、もっと大変です。

世の中が成熟していますから、あらゆる職業で、お客さんの獲得がずっと厳しくなっていますよね。

繰り返します。起業は「営業がキモ」です。

「「お願いします」から始まる営業」

——「値付け」と「お願いします」が言えない

開業時代、一番困ったのは、「値段が言えない」。つまり、「顧問料がいくらですか？」と言われても、もじもじしてしまう。

又、「お客さん、紹介しようか？」と言われても、「お願いします」と言えない。今では考えられませんが、事実そうでした。営業の経験もなければ、準備をして独立したわけではないので、当然だったんでしょうね。

「無いようで、あるのはプライド」

「羞恥心とかプライドを捨てられると人生って案外ちょろい」（有吉弘行氏）

ちょろいかどうかは、わかりませんが（笑）。

営業経験のない人は、一度やってみてください。案外、言えないもんですよ。少なくとも、開業一年ぐらいは大変でした。でも、言わないと食えませんから、その内言えるようになりましたが。でも、大変だったのを覚えています。今では、もちろん平気で言えます（笑）。

又、そこで学んだのは、営業出身でなければ、起業できないということではないのですね。

私は、とてもシャイな性格です。今でも、シャイです。パーティーは苦手な部類です。それでも、追い込まれればやらざるを得ません。そんなことを言っていたら、食えませんから。

私は、以上の経験から、営業出身者は起業に有利とか、シャイだから、起業に向かないなんてことはないと思っています。性格は変えられますからね。

よく、「俺の性格はこうだから」とか、こだわる人がいますが、この人は、「とても幸せな人です」。変えなくて済むんですから（笑）。

「仕事を選ばない、断らない」

――「できます、やります、やらせてください。」

今では、セクハラと間違えられそうですが、これは確か、日本電産の創業期の標語だったと記憶しています。

なんでも受けてこい！

この精神は、起業では、とても大事だと思っています。

――質は量に比例する

仕事の種類にもよるのですが、まず顧客数を上げないことには始まりません。私は、ほとんど仕事を断りませんでした。安い仕事も取りました。まず量だと思ったからです。最初から仕事を選ぶほど、余裕もありませんでしたしね。

余談ですが、同業の先輩が、当時教えてくれたのが、「顧問料いくらですか?」と聞かれたら、「お任せします」と答えろでした。その方が、自分で言うより高く払ってくれる、こんな話でした。何回かやってみましたら実際そうなりました。良い時代でしたね（笑）。

――回収も大変

開業時は、無理やり顧客獲得をやるものですから、未収が多いのも悩みのタネでした。スナックのお客さんがいまして、夜飲みに行ったら、ママが、私の顔を見てツケの取立てと思ったんでしょう。

「かならず払います」と言ったんですね。

私はどういうわけか、「からだで払います」と聞こえてびっくりしたことがあります。

ともあれ、開業時には、いろいろ想定外のことがあります（笑）。

［ビジネスは我慢］

――人間心理？

あまりいい響きではないですが、「慌てる乞食はもらいが少ない」と、いうのがあります。開業当初、ヒマでしたので、引き合いがありますと喜んでしまうんですね。そこで、「時間がありますから、十分サービスできます」なんて答えてしまいます。すると不思議なことに、受注できないんですね。何回か受注に失敗しまして、作戦を変えました。要するに、忙しいふりをしたんですね。

「このくらいしか、訪問できませんが、それでいいですか？」

この方が間違いなく、受注できました（笑）。

――駆け引き上手は商売上手

ローマ法王への献上米として有名になった「神子原米」のブランド戦略は、大変参考になります。これが、マスメディアで取り上げられ、ものすごいオーダーが来たそうです。しかも、品のいい奥様方からのオーダーでした。そのオーダーをこなして、さて、次の戦略です。

一番売れる時期がありますが、それを敢えて売らなかった。東京の白金、田園調布の奥さんから注文を頂いたとき、「申し訳ありません。売り切れてしまいました。もしかするとご贔屓にされているデパートでお取扱いがあるかもしれません。そちらに電話してみてください」「本当は、売り切れていなかった。デパートに置いてほしかったのだが、こちらから頭を下げると値段を叩かれる。デパートが一番弱いのが高級住宅地の奥さまです。そこから問い合わせが入るようにしたのです」(『致知』二〇一三年三月号・致知出版社)

ここには、価格戦略、ターゲット、マーケティングのエッセンスが詰まっています。

商い

商いは、飽きない、と言います。

ビジネスの特徴は、短期で勝っただけではダメで、長期でも勝たなければなりません。逆に言いますと、時間をかけてもいいのです。我慢も大切、一喜一憂しない。これも起業のコツですね。現代は、あまりにも、短期の結果だけを求めますものね。

ちなみに、日本語は、要点をよく表しています。

分解 ⬇ 分けるとよくわかる

腰 ⬇ かなめ（身体で重要な箇所です。）

儚い（はかない） ⬇ 夢ははかないのです。起業は、成功させないと…、単なる夢。

［くやしさは、起業のバネ］

──屈辱が成長への一歩目

日本電産の永守重信社長は、社長の成長のバネは、「辛酸の積数」というそうです。すぐれた経営者ほど、「いつも潰れる夢を見る」んですね。けっして、いつでも、「絶好調」とは言いません（笑）。

私の少ない経験でも、なにげなく他人から言われた一言が随分、頑張るバネになりました。まず、私が開業して、当時、自分だけでは食えませんでしたので、監査のアルバイトをしていました。その監査会社の経理担当者が、以前会計事務所に勤めていたんですね。飲みに行った席で、「顧問先何件あるの？」と聞かれ、少し見栄を張って、サバを読んで、「何件だ」と答えました。するとその返事が「少ないねー」でしたね（笑）。

悔しかったのを覚えています。

同業の友達がいました。二代目です。彼がある日何気なく、「本郷さん、うちぐらいに（大きく）ならないだろうね」。

二代目ですから、ベース、既存のお客さんがあります。けっして、悪気はないんですよ。当時でも、開業は厳しいと言われていましたから、「こんな時期開業して厳しいね」。こんな意味で言ったと思うんです。

でも、ひたすら、悔しかったのを今でも思い出します。

――ほめ殺し

話は跳びますが、私は、ほめられると必ず失敗します。ほめことばに弱い（笑）。
屈辱は、カノッサ（注二）ではないのですが、バネになります。
四〇代の頃ですが、少し事務所の経営にメドがつきかけた時、若手のホープとか言われて、ヨイショされかけた時があります。うまくなかったなー。（笑）
つい脇が甘くなります。失敗の原因にもなります。

私は、事業の失敗の要因は外部要因ももちろんあるのですが、それ以上に企業内部の要因、特に中小企業では、トップの要因が大きいと思っています。会社はなんのかんのと言っても、業績次第です。業績が悪化しますと、外も中も人が離れます。昨日まで社長、社長と来ていた人がぱったり来なくなります。

余談ですが、「ほめ殺し」(注三)とよく言います。あまり品が良い言葉ではないですが…(笑)。最初にこれを使ったのは、松下幸之助翁だという説があります。当時隆盛だったミシンの会社をほめたそうです。全国に張り巡らした、販売網が脅威だったという話です。

「こんなに儲かるならミシンに専念したらどうですか?」

経営の神様にほめられたら、ミシン会社の経営者だって悪い気はしません。でも本音は、「ミシン会社が、電機業界に進出し、その販売網を利用されたら松下(当時)にとって困る」。なんかの本で読んだ記憶があります。

(注二)カノッサ(Canossa)の屈辱は、聖職叙任権をめぐってローマ教皇グレゴリウス七世と対立していた神聖ローマ皇帝ハインリヒ四世が、一〇七七年一月二五日から三日間、教皇による破門の解除を願って北イタリアのカノッサ城に赴いて許しを願ったことをいう。

(注三)ほめ殺し(ほめごろし)とは、元々は対象をほめることでその対象を「だめにしてしまうこと」を指していたが、近年だめにすることを目的として「ほめる」ことをも意味するようになった。

「やりたいことより、今ある仕事を好きになれ」

——きっかけは突然に

さて、ソコソコでいいと思って開業して、なんで頑張ったかを書いてみます。

みなさん、定年は仕事のけじめと思うんでしょうが、それはあくまで、キマリ事です。定年前に仕事の興味を失った人は、ゴロゴロいます。いわゆる「終わった人」です。

私の経験ですが、この会計業界に関していえば、試験をパスした時点で、「終わった人」は、多分半数ぐらい出ます。

よく、「試験に受かってから勝負が始まる」と識者は、言います。

でも裏返せば、そう敢えて言わなければいけないほど、これで、終わり、目的達成という人が多いということではないでしょうか?

かく言う私も、会計士の試験をパスした時点で、終わった人でした。

私は、第一志望に失敗したあとでの、この職業でしたから、「とりあえず、やるか」、こんな感じでしたね。

税理士事務所の開業も、前述したように、ソコソコ食えればいいやと思って始めました。

でも、ある時点から変わりました。ともかく、仕事が面白くなったんですね。

だって、毎日決算書を見ることができますからね。決算書は、ドラマとストーリーが満載です。

ジャーナリストより、多分ディープな情報がとれます。決算書の数字、つまりその企業の「生の数字」を見ることができるわけですからね。

そして、決算書はドラマがあります。

どうして、こんなに儲かるのか、なぜ欠損を出すのか、これだって、みなドラマがあります。相続だってそうです。

どんな人でも、一生を終えるということは、大変なドラマとストーリーがあるんだ、これで、人を見る目は変わりました。どんな人でも、バカにしてはいけない、これを学びました。

そして、今は、弊社も規模がソコソコ大きくなりましたので、私自身、経営へのチャレンジの課題もできました。好きな経営書を実践できるという、幸運にも恵まれました。

又、会計人として出発したのは、経営にとても役立っています。数字が読めましたからね。京セラの稲盛和夫翁は、創業して何年かしてから、簿記学校に通ったといいます。それが、アメーバ経営に結びつくんですから、やっぱり天才です。

私が、仕事でソコソコ頑張れるのも、仕事が面白かったからなんですね。

［あっという間の一〇年］

——やっぱり順調にはいかない

創業の一〇年はあっという間に過ぎました。年商が一億円ぐらい、従業員が一五名ぐらいになりました。

他業種から見ますと少ない年商ですが、税理士の業界ではソコソコの規模なんですね。

それこそ、二四時間営業で、休みなく働きましたが、ふと、これでいいんだろうか？　やり方、あるいは、生き方に疑問が生じました。

この先（当時）を考えても、死ぬほど働いて、生涯年商三億円がせいぜいで、その前に死んでしまう（笑）と考えて、悩んでしまいました。

今思うと、変革の時期だったんですかね。

ということで、飛躍と混迷の次の一〇年にステージが移ります。

POINT

起業の動機は不純なものでもいいし、動機がなくても構わない。だが起業後、経営者はひたすら動き続けなければ会社は死んでしまう。

まず大事なのは顧客を獲得すること。顧客獲得のためには多くの苦難や挫折があるが、この逆境を乗り越えることが企業の第一の成長となるだろう。

〈第二ステージ〉

飛躍と混迷の二〇年

一、人との出会い

二、失敗から学ぶ

三、悪循環からの脱却

四、軌道に乗せる

一、人との出会い

[一枚のセミナー案内が人生を変える]

――ただ努力してもダメ

当たり前のことですが、経営は、結局やるのは人間です。波があります。モノの本には、「へこたれるな」「継続は力だ」なんて書いていますが、そんなことはありません。

へこむし、嫌にもなります。特に、ビジネスを始めた当初は、あまり相手にされませんし、へこむ回数が多いのも事実です。一生懸命やっても、壁にもぶつかります。

私の場合、ちょうど一〇年で大きな壁にぶつかりました。ちょうど三〇代でしたので、体がめちゃくちゃ動きます。ほとんど、休みの記憶がありませんでした。

前述したように、一〇年で売上が一億円ぐらいになり、多少ですが、ある程度会計事務所の基礎はできたことはできたのですが…。

でも、大きな壁をなぜか感じたのですね。これから、どうしていいか正直わからなくなりました。このペースで頑張ったら、間違いなく体を壊す！（実際四〇代は病気のデパートで、死んでもおかしくない病気を二度ほど経験しています。）

そこで、今後の私のビジネスのシミュレーションをしてみました。どう考えても、わからないし、このまま一生懸命さだけのビジネスでもダメだな、こんな結論でした。

その時、一枚のセミナー案内を見たんですね。いつもなら、紙屑籠行きなんですが、なぜか出席しようと思ったんですね。それが、あとで振り返ってみますと、大きな私の転機のきっかけでした。ちなみにセミナーは、自分が悩んだり、問題意識がないと、身につかないですね。

監査法人時代、何回となく外部のセミナーに行かせてもらっても、やはり他人事だったなーと思いますね。外部セミナーは、身銭を切ること、又、「悩んで、問題意識をもって出席しなければ、身にもならないし、時間の無駄」。これは私の刷り込みです（笑）。

さてそのセミナーですが、ある経営コンサルタントの講演でしたが、これが実に面白かった。「吸い込まれるよう」という表現がありますが、まさにそれです。食い入るように聞いたのを、いまでも覚えています。

内容は、「商売は、マーケティングが必要、ただ努力してもダメ」「そのためには、うちの（講師の）コンピューターを買え！」という話で、言ってみれば単純な話だったんですが（笑）。それでも大きな転機になりましたね。気持ちが大きく切り替わりました。

要するに「努力だけではダメ、方向性と、マーケティング力が不可欠」言ってみれば、ミもフタもない話ではあるんですが。でも、「魚がいる釣堀を探すこと」が、肝要。いままでは、漁場を探すより、釣り竿を磨いていましたからね。

ちなみにですが、実際、そのコンピューターを買いました（昔でいう、ＰＣの前に流行ったオフコン）。高かったけど、使い勝手が悪くて、あまり役に立たなかった（笑）。

［悩めば、道が開ける］

――成長のきっかけ

同時並行で進んだのが、共同事務所構想でした。優和という組織で、若手（当時）の会計人が集まって何かやろうというものでした。壁にぶつかっていましたから、一も二もなく、参加しました。仕掛け人と企画は確か、京都発でしたかね（京都発というのが、ちょっとシャレてませんか？（笑））。

京都の菱田多賀志さん（公認会計士・税理士）が、小林忠嗣さん（ベンチャー・リンク（株）創業者。当時、日本ＬＣＡというコンサルティング会社の社長で、京都が本社でした）を紹介し、小林さんの話に圧倒された記憶があります。その小林さんの呼びかけでした。小林さんの話を聞いて、こんなに頭が良い人はいないと正直思いました。天才っているんだなーと感じましたね。

又、その時知り合った人たちは、今でも会計業界で活躍しています。業界を代表する人たちが、多く出たのも、この優和の組織でした。当時やる気のある人たちと知り合いましたし、その後飛躍の原動力になった「相続対策」も、夢中で勉強した記憶があります。

私の第二ステージのきっかけを作ってもらったのは、この組織です。今でも大変感謝しています。

「ノーハウよりノーフー」

——ライバルを持て

私見ですが、起業のそれぞれのステージで、誰と知り合うか、これは、その後のビジネス展開を大きく左右します。私は、ノーハウも大事だが、ノーフー（誰と知り合ったか）は、もっと重要だと思っています。私の場合、優和のメンバーと知り合い、勉強したことが、とても役に立ちました。同業は友人でもありますが、ライバルでもありますから、それぞれ意識して頑張りますよね。

昔、巨人や中日で監督を務めた水原茂さんが、「二人ライバルを持て、一人はチーム内、一人はチーム外」と、当時中日のエースだった星野仙一現楽天監督に言っていたそうです。けだし、名言です。

優和の中で特に、山田淳一郎さんには、影響を受けました。相続対策を教えてもらいました。相続税は知っていましたが、生前の対策は新鮮でした。結果的にその相続税が、私の事務所の成長のきっかけとなりました。今でも山田さんには、感謝しています。

ちなみに、山田さんはその後、山田コンサルティンググループを上場させ、税理士法人山田&パートナーズの創業者としても、活躍中です。

［ビジネスには節目がある］

――時はバブル

ビジネスは、ガマンすると必ず成長のきっかけがあります。私の場合、相続対策を覚えたときが、まさに、バブルに入るいわば天の時でした。ある著名なコンサルタントと知り合ったのも、その時代でした。

その人は、大きなコンサル会社を主宰していまして、「本郷さん、なんでうちが、大きくなったか知っている?」。知るわけないですよね。(笑)

「それはね。ともかく、潰れてもいいからという覚悟で人を増やしたことなんだよ」それも刷り込みになりました。

人を採ったおかげで、需要に応えることができました。毎年、相続の路線価が倍々と上がります。ピークの年は、登記所が開いている年末ギリギリまで、仕事をしていたのを覚えています。時あたかもバブル、金払いもよかったですね。相続対策の相談で、うなぎを依頼者と食べて、数百万円もらったことがあります。

その頃、葬儀屋が、請求書の金額の桁を間違えて、一〇〇〇万円を一億円と請求したところ、ちゃんと払ってくれた、こんなウソのようなホントの話も聞いたことがあります。

従業員を、一気に一〇〇人規模に増やしたのもその頃でした。でもいいことは、長く続かない。

「山高ければ、谷深し」

今度は、そのバブルの後遺症と戦う羽目になってしまいました（笑）。

POINT

成長のきっかけは人との出会いにある。また、ライバルを作り、意識することで新たな道が開くこともある。

二、失敗から学ぶ

【三つの大きな失敗】

——商売は、まず、店主から飽きる

さて、そのバブル時、私はよせばいいのに二つのサイドビジネスと不動産で、見事に大失敗しました。

会計事務所は、好景気の時は相対的にあまり羽振りがよくなく、不景気でもそれほど不景気の波をかぶらない、比較的堅い商売です。開業して一〇年も経つと、本業に飽きるのと、バブル時で一般会社の景気がうらやましくなったんですね。

よく、客より店主が飽きるといいます。例えば、昔、ラーメン屋が、「今日もラーメンか」と店主の方が飽きて、競馬に走ったりしました。（今は違いますよ。念のため）

これを称して、「商売は店主から飽きる」と言いました。

私も正直、本業に飽きたんですね。今思うと店主が、会計に飽きた、これが本音かな？　そ

して、ご多分に漏れず、手痛い失敗でした。

ダブルならともかく、トリプル失敗。今考えますと、よく夜逃げしなかった（笑）。

［謳う節税］

――カラオケボックスの経験

まず、第一の矢は、カラオケボックスの失敗でした。

当時、私が書いた本の題名は、ほとんど、節税がついていました。「空飛ぶ節税」という海外税務の本も書きましたし、カラオケボックスを「謳う節税」なんて記事も書いていました。減価償却が多額にとれ、節税メリットがあったからです。

これは、見事失敗しましたね。五〇店舗にしようと思ってやっていましたが、三店舗でアウトでした。もし五〇店舗やっていたら、間違いなく終わった人になっていました（笑）。

失敗の原因は、計画の杜撰さに尽きます。他人の芝生はよく見えるものだな、としみじみ実感しました。それと、「商売って、難しい、そして、会計事務所の有難さ」を再認識した、私にとって大きな授業料でしたね。

［業種が近くても、人間が違うと、ビジネスの成功は難しい］

――ソフトウェアメーカーの経営と失敗

カラオケと同時に立ち上げたのは、財務ソフトの開発でした。これは、第二の矢ですかね。ＬＡＮ上で使用できるソフトのはしりの商品で、当時の財務ソフトとしては、ちょっとした優れたできばえでした。

「これで、上場できる」などと不遜なことを考えていましたから、正直バカだよね。これも計画がアバウトすぎましたね。ソフトの開発って、とても金がかかります。当時でも、毎月何百万とかかりまして、まず金が持ちませんでした。

それと、財務会計のソフトですから、本業と近いと思ったのが、浅はかだった。商品は本業と似ていても、人間が違う。ソフト開発の技術者は、会計人とまったく、違う人間でした。宇宙人と会話しているようで、まったく管理ができなかったなー。

本業と近くても、人間が違うと、ビジネスの成功は難しい。この仕事で学んだ教訓です。

［そして、極めつけ］

――不動産の失敗

相続税をやっていますと、不動産業界と大変近くなります。当時のその業界の羽振りは、それこそ半端ではなかった。私も若かったから、正直、うらやましかったんでしょうね。

銀行も掛け目も関係せず、ガンガン貸しましたから、自分でも、不動産を買いました。極めつけは、友人と共同でマンションのデベロップまでしました。

バブルが消えた後、買った不動産は二束三文、そして借金だけが残る。これが、本業に影響しないはずはないんですね。

「得意の時、失敗の原因をつくる」「その原因は自分」

人間って賢くないんだよね（笑）。

［「商いは飽きない」］

――才能を自覚する

仕事や商売をして、ある程度すると飽きてしまう、マンネリに陥るというのはよくあることだと思います。人間何をしていても、どんな仕事をしていても、同じことを一〇年続けたら飽きてしまいます。

自分でいうのも何ですが、会計事務所の業務は基本的には毎年同じ。月末に伝票を集めて決算して、月が変わる。それを繰り返して年が明けて、三月の申告時期までが仕事のピーク。これを毎年繰り返すのです。

前述したように、一〇年経って事務所もある程度大きくなったけれど大学の同級会なんかに出ると、四〇歳を過ぎてみんな大企業の課長クラスになっている。いま思うとみんなけっこういい加減なことをいっていたなと思いますが、自分が会社を動かしているような話をするわけです。「で、おまえはどこ？　ふーん、税理士事務所か」と。どうも地味なもので話が広がらない。相手は税理士事務所などよく知りませんから。

そんなこともあって、何か目先を変えたい、派手なことをしたいという思いがあったのかもしれません。

でも、いずれもさんざんな失敗でした。早期に撤退できたからまだよかったものの、日常経営者の人たちに得々として説いていたことが、ほとんど自分ではできなかったことには驚きました。会計事務所がうまくいっていたという慢心もあったんでしょう。

商売とは飽きることとの戦いであり、又、やり方によってはつねに目先を変えて飽きないようにできるのも、商売の才能なのかもしれません。そのなかで私は多少痛い目にあいましたが、それもいまとなっては大いに勉強になりました。

それ以来、本業以外は浮気をしていません（笑）。

とくに男は変化を求めて、違う人生を求めて、さまよいうろつきます。

有名なジョークがあります。男は「どこに行くのかしら」といわれて一生を終わるという。お母さんに「どこに行く？」と怒られ、奥さんにも「どこ行くの？」と問い詰められ、葬式でも「どこに行くの？」といわれて終わるという……。

POINT

経営に失敗は付き物。失敗から自分の技量を知ることが、次のステージでの成長の糧となる。

三、悪循環からの脱却

［蜘蛛の子を散らすように］
——「不安」と「不満」

さて、第二ステージの一〇年を二つに分けますと、最初の五年は、飛躍と成長、そして、あとの五年はバブル処理の混迷の五年、きれいに二つに分けられます。「得意の時、即ち失意の悲しみを生ず」。これは、野村克也元楽天監督が、好んで使う言葉です。私の場合も、これにピッタリだったかな？

相続対策も、フィーバーすれば、税務当局は、規制に入りますよね。

事務所の忘年会は、ハデにやっていましたが、来年から、大幅に網がかけられるとわかっていましたから、私は、来年どうやろうか？　と浮かない気持ちで、飲んでいたことを、今でも思い出します。

時あたかも、失われた一〇年の幕開けでしたから、日本経済とともに、我が事務所も失速を開始しました。案の定、年があけますと、あれだけ来て、さばき切れなかった仕事がピタリととまりました。従業員も一〇〇人以上に増えていましたが、仕事がありません。

人間は「不安」と「不満」の繰り返しだと言います。繁忙期は、不満です。低迷期は不安です（西川きよしは、ファンは、不安だと言います。名言です）。しかも、不安の方がたちが悪い。不安は、ヒマですから、すぐ伝播します。社内が、不安でガタガタになりました。

しかも、前述のサイドビジネスの失敗です。

――暗黒の社員旅行

当時、毎年社員旅行をやっていました。本業が悪くなったその年は確か、軽井沢への社員旅行でした。どうも従業員の様子がおかしい。盛り上がらないのですね。

懇親会が終わっての、私抜きの二次会は、事務所批判、もちろん私への批判で盛り上がったと、これは、ずっと後で聞いた話です。

それ以来、社員旅行はやっていません。面白くない思い出が強すぎて（笑）。

――退職者続出

それが契機となったんでしょうか。毎月退職者が出てきました。ダラダラ毎月辞められますと、これまた当然ですが、社内の雰囲気がきわめて悪くなります。

そこで、「暮れのボーナスは、退職者にも出す」（規則上は在籍者のみ）と言ったら、それこそ蜘蛛の子を散らすように、ひと月に確か三〇人ぐらい辞めました。早くスッキリしたかったのです。結局その年は、五〇人ぐらいは辞めましたかね。従業員の半分は一年で辞めました（笑）。

［立て直し］

――会議なんてやっても無駄

どうやって立て直すか？　三ヶ月考えた結論が、「基本に帰れ」でした。考えたわりに平凡な答え（笑）。

その後は、もう営業しかない。正直、会議なんかやったって無駄とおもいました。浮き足立った従業員相手に会議したってしょうがないですものね。それより、一件でもお客さんを獲得したほうが得です。

立ち小便しながら、銀行の支店長さんに、「どこかありませんか?」と依頼して、一軒紹介してもらったこともありました。

――トップは、陣頭指揮しかない

悪くなったら、トップは陣頭指揮しかない、このときの刷り込みです。

徳川家康は、関ケ原の戦いで、形勢不利になったら前線に出てきて、陣頭指揮に切り替え勝利したという故事もあります。

その後、夢中で一年ぐらい動きましたら、なんとか本業のメドがたったのを覚えています。

もちろん、借金はまだ多額に残っていましたが…。

――悪くなる順

悪くなる順序があるなー。余談ですが、その時の経験です。まず損益、そして資金繰り、最後は人。

まず当然ですが、損益が悪くなります。赤字になります。次は間をおいて、「資金繰りの悪化です」。その後が、従業員が騒ぐ、こんな順序ですかね。月末の支払いを終えてほっとする間もなく、翌月の半ばには資金がショートしていた記憶があります。

でも当時は、まだ金融が緩かったので、銀行が貸してくれましたから助かりました。

そして、おかしいなと思って従業員が騒ぎ出すのは、その後でした。騒ぎ出したのは、「メドがたっていた頃で、助かった」と思ったことを思い出します。

三つ同時だったら？　と今思うと、ゾッとします。

ついでですが、社内の情報は、悪くなるとすぐ、末端まで漏れます。あまり知らないような社内情報を、昨日入社した従業員まで知っていることに驚いたことがあります。多分、当時の幹部がしゃべったんだと思いますが、悪くなったら自分しかないな、とつくづく思いますね。

──ナンバーツーの退職

やっと事業のメドがたって、これからという矢先、当時後継者と思っていた人に、退職されたんですね。来年の事業計画を話し終わって、直後、「話があります。退職します」ということでした。びっくりしまして当然慰留もしたんですが、もう決意が固くダメでした。ナンバーツーでも、片腕でも退職する、この現実はその後、随分私の勉強になりました。

――規模を大きくしなければ、借金は返せない

ほぼ、立て直しがなんとか落ち着いた頃ですかね、まだ、不動産投資のツケで借金が残っていまして、これもなんとかしなければならない。

ふと考えたんですが、結局小さくやってもダメだ、事業を大きくしなければ、一生かかっても無理だなと思ったんです。これが、大きくする私自身のモチベーションになりました。逆療法ですけど（笑）。

POINT

ひとたび損益が悪くなると、社内に不穏な空気が流れる。瞬く間に人材は流出してしまい、新たに入社した社員にも悪い雰囲気が蔓延してしまう。この悪循環を断ち切るためには思い切った決断が必要となる。

四、軌道に乗せる

【一〇〇人のカベ】

――引っ越しで奮起

先般、若くて頑張っている同業者が、私を訪ねてきました。その人は、一年に一度定期的に情報交換しに私のところに来ます。会計事務所を開いて一〇年も経っていないのですが、もう一〇〇人のスタッフを抱えて頑張っている人です。彼の悩みは、一〇〇人から、足踏みしていることでした。そう言えば、私も一〇〇人のカベがあったなーと思い出しました。

第二ステージの終盤です。一進一退を繰り返した時期がありました。すると、中堅がやめていくんですね。停滞すると、行き詰りを真っ先に感じるのは、中堅の優秀な若手です。ここに居ても、先がないと思ってしまいます。

余談ですが、成長しないと会社はダメだと…これは私見ですが。閉塞感が出て、ポストも増えない、給料も上げられない。逆に言えば一〇〇人のカベを越えますと、その次への成長は結構速い。その人の話を聞きながら、私はどうして解決したか？ を考えてみました。なんだったんだろう？ 昔のことで思い出せません。

唯一思い出したのは、エイヤ！ と広いところに引っ越したことです。不景気だったので、倍ぐらいのスペースが借りられました。すると、自分もやる気が出て（若かったから（笑））。なんとなくそのカベを乗り切ったのを覚えています。サービス業は、理屈でない部分も大きいなーと、これは貴重な体験でした。その人へのアドバイスは、「広いところに引っ越したら？」と。

「意識が変われば、行動が変わる。行動が変われば、結果が変わる」

ついでですが最近、業界では、丸の内戦争といわれるぐらい、大手が東京駅周辺に集まっています。そのうちの一人のトップに聞いたことがあります。

「やはり、東京駅に移ったのは正解だった。売り上げが伸びたよ。売り上げが増えれば、従業員も増える」。やっぱり、引っ越しは成長のバネ？

［組織の先回り］

――次のステージを想定する

本多静六さんは、偉くなった人は、勉強の先回りをすると言っています。ヒラの時は、勉強をし、課長になったら、役員になったらどうするか？（『私の財産告白』（本多静六著・実業之日本社）

中曽根康弘元首相は、ヒラの代議士の時から、首相になったら、どうするかを考え、当時珍しかった首相公選論を唱えていました。有名な話です。

優れたトップは、「規模が大きくなることを想定してシステムを考える」と言われています。会社は、規模でやり方や戦い方が違うからです。

――遅れた業界は、一歩先を行けばいい

少し前ですが、しまむらの実質的創業者である藤原秀次郎相談役と話をしていましたら、「一〇人の時に一〇〇人になったことを想定して、一〇〇人の時は、一〇〇〇人のシステムを考え、構築してきた」と話していました。今思っても、凄いなーと思います。

ちなみに、私が、会計事務所はなにをすれば大きくなれるか？　と質問したところ、ニヤッと笑って「遅れた業界は、一歩先を行けばいい」。これは、その後、大変参考になりましたね。

――強いサッカーチームのように

私は、良い組織は？　と問われたら、「強いサッカーチーム」と答えます。サッカーは、チームワークだけでは、勝てません。点を取れる個人も必要です。点を取らなければ勝てません。チームワーク、チームプレーはうまいんだけど…かつて日本のサッカーもこう揶揄されました。点を取るのは個人ですものね（私も学生時代、ある当時有名な作家に、「将来作家になりたい」と言いましたら、「君、サッカーの方が良いよ」とからかわれましたが…（笑））。

【執念】

――窮地で試されるもの

私が経営者の資質のピンにあげるのが「執念」です。

私が四〇歳ぐらいの頃、邱永漢先生から聞いた言葉です。

もう亡くなりましたが、「経営者はなにが大事かって『執念』だね」と聞いたことをなぜか、今でも鮮明に記憶しています。

私事で恐縮ですが、ここ三年間、経営ノートをまとめています。

その年々のテーマを決めて書いていますが、二〇一一年のテーマは、「経営者の執念」でした。丁度、リーマンショックの余波が収まったころ、それを乗り切った企業の経営者の共通項は、執念のある人だと思ったからです。あまり年齢も関係なかったなー。むしろ、何回も荒波を潜ってきた年取った経営者の方が、執念がありましたね。ヒルズ族なんて言われて、鍋パーティーで、合コンしていた若い人の方がもろかった?

危機の時は、ビジネスモデルとか財務危機とか一切関係なし、乗り切れるかどうかこれは、経営者の執念次第ではないでしょうか?

経営は必ず波があります。今成功している、企業でも危ない時は必ずありました。ですから、経営者は、ガマン強く執念がある人、段々実践で鍛えられますから、強くなります。

決して逃げないこと、エラそうですが、起業家は、これが一番の資質ではないか、こう思いますね。私も、前述したように、過去に一年間で従業員の半分に、辞められたことがあります。結構当時信頼していた人も辞めましたから、人間はそういうもんだな、自分しか最後は頼りにならないな、とその時つくづく実感しました。
今振り返って見ますと、やっぱり何とかなったのは私の執念かな、と思います。

POINT

成長軌道を確立するために「壁」が立ちはだかる。「壁」を突破するには、経営者の執念が試される。

〈第三ステージ〉

税理士法人の二〇年

一、拡大と変化

一、拡大と変化

［合併］

――いずれ集約される

やっと混迷の時期が過ぎ、事務所も成長軌道に乗ってきた頃、税理士法人制度が、導入されました。瞬間的に監査法人の歴史を考え、税理士事務所も大型化してくるんだろうな？　と思ったんですね。

私が新入社員で、監査法人に入社した頃です。今では、六〇〇〇人規模の法人になっていますが、当時は監査法人制度導入間もなく、東西合わせて、わずか三〇〇人前後だったのを覚えています。その後、合併や集合を繰り返し、今では大手三社が圧倒的シェアを占める状況になりました。

遅かれ早かれ集約化は避けられないな、と監査法人の経験があったからこそ思いついたんだと思います。

――辻会計との合併

そんな矢先、辻会計との、合併の話が来ました。監査法人の経験がなければあれこれ考えたんでしょうが、即決に近い決断でした。税理士法人制度導入の少し前でしたから、今思うと、天の時だったんでしょうね。

当初は、渋谷本部（旧辻事務所）新宿本部（旧本郷事務所）と別々に運営していました。二年ぐらいですかね。これまた、具合が悪い。商品もほぼ似通っていますし、二年ぐらいしてくると、合併効果どころか、渋谷の敵は、新宿、新宿の敵は渋谷とこうなってきたんですね。合併は、きれいごとではいかないなーとしみじみ悩んだのを覚えています。

そんな時、ある大手監査法人の代表社員が、「なぜ合併を繰り返した監査法人が早く統合できたか」というのを、飲みながら教えてくれました。

「本郷さん、なぜ、あんなに合併しても融合できたか？　それは、事務所を一か所にして、毎日顔をあわせたことなんだよ」

「あ、そうか」

「渋谷と新宿をまとめて、同じ場所に統合する」

実は、これも難作業でした。書けないことも多いんですが、おかげさまでうんとタフになりました（笑）。

ともあれ、今の場所に両者移って統合できたんですね。

「1＋1＝3　2－1＝0・5」

――喧嘩別れは損！

さて、移って一緒になってみますと、事務所にすごいボリューム感がでました。スタッフや幹部から、「随分大きくなりましたね」と言われるぐらい、実際の人数以上に大きく見えるんですね。ビジュアルに見せることの大事さを、ここで、学びました。

私見ですが、ビジネスには、1＋1＝3　2－1＝0・5の法則が働くような気がします。つまり、合併は、実際以上に大きくなる、逆に分裂は、実際以下に小さくなる。

私が後継者に引き継ぐコトバとしては「絶対、分裂するな、両方損する」こんな言葉かなと思っています。

余談ですが、政党は、よく分裂します。「志の同じ人で集まって、純化路線のため、袂を分かつ」といって、離脱、分裂をしますよね。でも、その後、又分裂を繰り返し、小さくなります。

私は学生時代、学生運動を垣間見てきました。その経験で言いますと、セクトが分裂して、純化路線を取ります。でも、小さくなると又、まとまらなくて分裂を繰り返します。人間とはそんなもんですよね。ですから、中で喧嘩しても絶対別れたら損だ、これは私の意見です。あくまでも私見です。当たっているかどうかはわかりません。

ちなみに、事務所を統合した効果が数字に表れました。リーマンショック前の景気回復期にぶつかったせいもあり、統合効果が表れて、売り上げは大分伸びました。

[地方展開]

──地方支部から本部へ

統合から二年経過し、一段落した頃でした。地方展開もしなければ、せめて大阪、名古屋ぐらいは？　と思っていて、まず、名古屋、大阪と地元の先生の後を引き継ぐ形で、支部を出しました。小田原でも、ある地元の先生との縁で、支部を出すことができました。その時、ふと思ったんですね。

そうだ、毛沢東の「農村から都市へ」（注四）という有名な戦略があるなーと思い出したんですね。その戦略は経営理論となり、実践して大成功したのはウォルマートだったなー。こんなことでしたかね。

「都会は競争が激しい、競争のない地方で、展開して、あとで、東京を拡大しよう」それを契機に、積極的な地方展開に踏み出しました。

うまくいったかって？　天気と同じで、晴れもあれば、曇りもあり、土砂降りもある、さまざまです（笑）。

当時の支部会議のテーマは、「支部から本部（東京）に革命を」でした。でも、毛沢東を若手は知らなかったな。私の歳を再認識しました。（笑）

今、本部を含め三〇の拠点（二〇一二年一月現在）が、全国にあり、増やしたことだけは事実です。

よく、支部の展開でなにがメリットか？　と聞かれます。支部のヘッドに若手を登用せざるを得ませんでした。ですから、一番のメリットは、「若手が育った」ことだと答えています。

そのため、東京がスカスカになったというデメリットももちろんあります。ビジネスはトレードオフですものね。

（注四）農村から蜂起して都市を囲いこんでいくゲリラ戦術理論（人民戦争理論）

［三年ごとの変化］

――時代に合わせる経営

税理士法人の一〇年を振り返りますと、最初の合併の三年、実質統合の三年、そして地方展開の三年と分けられます。ホントに節目は三年ごとに来るなーと思います。

そして、一〇年で大変身しないと、生き残れない、結構ビジネスは厳しいですよね。税理士法人の一〇年は、私の想像以上に、うまくいったのも事実です。でも、「過去の実績は未来を保証するものではない」。当然です。「過去を語って未来を語らず」こんな風にもなりたくない。こんな心境ですかね。

一〇年も経ちますと、制度疲労も起こしますし、光もあれば影も多くなります。さーて、これからうまくいくのでしょうか？

私の気持ちの中では、これからが一番難しい。変化できなければ、死しかないですものね。

POINT

一〇年ごとの変化だけでは生き残ることが難しく、三年ごとの小変化も必要となってくる。合併・集約・地方展開を考えてみよう。

〈第四ステージ〉

これからの二〇年

一、最大のライバルは世代交代

一、最大のライバルは世代交代

[一〇年でギアチェンジ]

――最大のライバルは社内にいる

二〇一二年の終わりの頃からでした。このままでは、弊社は潰れるのではないか？　明日はないのではないか？　そんな風に感じて来ました。

どうしてそう感じたかって？　私の勘と、皮膚感覚ですかね？

まず、その主な原因は私ですから反省しきりですが、一言で言えば、私がユルフン（脇が甘くなる）になってきていました。

すると、幹部は当然、次々に下に伝播します。若手、中堅の退職者は増えてきました。サービス業は、現場が荒れれば終わりです。

モラルも下がっているなー。テコ入れしなければ、大変なことになる。

すると、不思議なことに、二〇一三年の初頭の私の運勢は、「内部固めの年」。うそじゃないですよ（笑）。

奇しくも、税理士法人になって一〇年。大きくギアチェンジしなければ、明日はない年を迎えたわけです。そう思ってもすぐやらないのが、私の悪い癖（笑）。ぐずぐずしてる間に、一年が経ってしまいました。

それで好転したかって？　もっと状況が悪くなりました。手を打っていませんから当然です。最大のライバルは、世代交代と言います。野球で言いますと、テレビやグラウンドで見ている野球少年が、次のライバルだと言います。どんな業界でも、身近なライバルは真のライバルではない。弊社も古くなりました。若い世代も育っています。マケソー（笑）。

［第二創業］

――システムを変える挑戦

まず、形から入る。これも私の悪い癖です。弊社を「第二創業」とぶち上げました。

ユニクロの柳井会長は、「売り上げが三倍になったら、自社を大きくチェンジしなければならない」と言っています。

奇しくも、弊社も税理士法人発足以来、売り上げがほぼ三倍になりました。「ガラガラポンと弊社のすべてを変えなければ、明日はない」と全社員にメッセージを流しました。すべてを変える前に、まず私自身変わらなければなりません。「人を憎むな、システムを憎め！」という言葉があります。私はこの言葉が大好きです。

要するに、変化するためにはまずシステムを変える、そして次に人を変える。ガバナンス（統治方法）を、大きく変えなければならない私の問題意識は、そこから始まりました。

そもそも会社制度って今のまま、続くんだろうか？　簡単にできるとは私自身思っていませんが、でも挑戦しなければ何も生まれないのも事実です。面はゆいのですが、「厳しいけど、楽しい」こんな職場が理想かな？

以下は、私の問題意識です。

［組織ってなーに？］

——経営者が変わる

私の仮説なんですが、ピラミッド型の組織が続くのか？

ＰＣでメールを打てるようになって、「これは経営者への神からの贈り物だ」と、感動したことを昨日のことのように覚えています。今は、スマホです。これは移動自由ですから、いつでもどこでも、海外でも、スマホが使えれば、経営はできます。

当然ですがメールも見られますし、誰にでもメールを送り、指示ができます。情報の共有化も、場所を選ばずできます。すると指示はフラット化しますから、階層ってなんだろうか？ピラミッド型組織が続くのかなーと思ってしまいます。

――レイヤー化する社会

『レイヤー化する世界』（佐々木俊尚著・ＮＨＫ出版新書）という本があります。インターネットにアクセスしますと、瞬時に外の世界につながります。ウチとソトの縦の境界から、「レイヤー」という横の境界へ（本書より）というわけです。

会社はいわば縦社会です。大会社ですと、これだけで、生活、情報、お金、人生を一気通貫に完結できました。でも、今は、インターネットで一気に外の世界に行きます。ＳＮＳしかりです。縦と横との境界線がなくなります。

すると従業員は、所属する場所が、会社だけではなく、たくさんになってきます。会社だけが所属場所でしょうか？　所属の場が増え、移動が自由です。極端に言いますと、会社という縦社会が、崩れてくると考えられませんか？

［共感］

――二一世紀を制覇する企業に必要なもの？

一九九〇年にアルビン・トフラーが、「パワーシフト」という有名な本を書きました。「二一世紀は、知力、情報力を持つものが、最もパワーをもつ」という説でした。（『パワーシフト――21世紀へと変容する知識と富と暴力〈上・下〉』・アルビン・トフラー著・中央公論新社）

歴史的に見ますと、まず軍事力、次に、経済力、このように権力の源泉が移ってきまして、そして知力、情報力です。

でも、どうでしょうか？　もうそれだけでは、パワーが保てるんでしょうか？

次のパワーが出てきましたね。ご存知のように、ソーシャルメディア（ＳＮＳ）です。

Twitter、Facebook、そしてLINE、オバマは、Twitterで勝利しましたし、Facebookは、

アラブの春を演出しました。LINEの勢いもとどまるところを知りません。

ソーシャルメディアのパワーは、一言で言いますと、「共感」です。(『ソーシャルシフト』斎藤徹著・日本経済新聞出版社)

分かり易く言いますと、グーグルは「知識」そしてフェイスブックは、「共感」です。

これができる組織が、二一世紀を制覇する?

これは、私の仮説です。

[会社は、必ず老化する]

――老いを自覚する

弊社の大きな課題は、若返りです。若手を抜擢して、組織に大きくメスを入れました。

実は、若い時の経験ですが、一〇年振りに訪問した会社が、恐ろしく古くなっていてびっくりしたことがあります。最初に訪問した時は、その会社全体が乗っている時期で、実に若々しかった。でも、一〇年のそのギャップに大変驚いたことを、今でも忘れません。

中小企業は、社長も幹部も同時に老けますから、会社内では意外と気が付かないんですね。

老化は止められない

まず、どんな会社でも老化する、会社の老化は防げない。ゆめゆめうちは違うと思わないことなんでしょうね。老化は、物理的にはもちろんですが、心理的にも老けるのが人間です。

「例えば、

一、変化に対する抵抗、習慣への固執

二、水は低きに流れる

三、縄張り意識（縦割りになり横断的にならない）

こんな現象が年々進み、前には戻りません。

一方通行で、不可逆性が、人間の集合体である組織を規定しているからです」

（『会社の老化は止められない』細谷功著　亜紀書房）

老化を防ぐにはどうしたらいいのか？

老化を防ぐには、組織がそうなるのは当然だという認識を、トップが絶えず持ち続けることかな？

そして、定期的な、若手の登用と、異動が若がえりのキモですかね（根拠はないのですが、三年が基準ですね）。弊社もずいぶんなまけていたなー。

大会社は、毎年新人を採用し、定期的な異動を行っていますので、やはり強いわけです。

――ピーターの法則

余談ですが、ピーターの法則（Peter Principle）というのがあります。組織構成員の労働に関する社会学の法則です。

一、能力主義の階層社会では、人間は能力の極限まで出世する。すると有能な平（ひら）構成員も無能な中間管理職になる。

二、時が経つにつれて人間はみな出世していく。無能な平構成員はそのまま平構成員の地位に落ち着き、有能な平構成員は無能な中間管理職の地位に落ち着く。その結果、各階層は無能な人間で埋め尽くされる。

三、その組織の仕事は、まだ出世の余地のある、無能レベルに達していない人間によって遂行される。（Wikipedia「ピーターの法則」より）

［まず、分業から始める］

——分業の重要性

サービス業は、製造業から分業を学び、小売業からサービスを学ぶ、そして、サービス業を事業化したところが、大きくなります。

ファッションというアートを事業化した、ユニクロ、しまむら、家具というアートを事業化したニトリ等、九〇年代の失われた一〇年を快進撃した企業の特徴は、サービス業の事業化です。身近の分業化から始めたい、これが私の思いです。

フォード・モーターの創設者ヘンリーフォードは、「小さな仕事に分けてしまえば、何事も特に難しいことはない」（Nothing is particularly hard if you divide it into small jobs.）と言っています。

サービス業は、製造業の分業システムを取り入れることが、効率性をあげるキモだと思っています。

——分業から交換

「経済史から読み解く原理原則」（井上義朗著『週刊ダイヤモンド』二〇〇八年一〇月二五日掲載）によれば、これは、ギリシャの哲学者プラトンから来ているとしています。

『国家』（プラトン著）によれば、社会が豊かになる条件は、「分業と交換」である。富はゼロサムではない、他人の仕事に手を出さず、己の仕事に専念することで、富は創造できる。

経済活動の根幹は、「交換」です。

私が勝手に解釈しますと、分業で交換価値を高める。ひいては、サービスの付加価値を上げる？

【そして、成長】

――なぜ企業は、成長が必要か？

「歌を忘れたカナリア」というように、日本企業が成長という言葉を忘れてからだいぶ経ちますね。個人もそうかな？　成長しなくたって良いじゃん。「ユニクロとすき家があれば十分」こんな声もありますしね（笑）。

「どうして成長しなければならないのか？」

私の答えは単純です。

・給料が上がる。
・成長している組織は、働く人を元気にする。
・役職のポストが増え、昇進の機会が増す。
・シェアが拡大し、その企業の競争力が増す。
・若い人を雇用する機会が増える。
・結果、従業員の平均年齢が下がり、
・総体の人件費が下がる。

だから、企業は成長が必須条件なんです。

POINT

企業の変化とは社員の意識を変えること。意識を変えるにはまず組織のシステムを変える必要がある。企業の老化は避けられないものと経営者は理解していなければならない。

〈第五ステージ〉

起業家へのメッセージ

一、経営者の思考・意識

二、経営者の行動

一、経営者の思考・意識

物事はすべて「必然」

――今の職業は「天職」

繰り返しになりますが、私は、ジャーナリストになるのが夢でした。第二志望で、この道に入りました。大学の同級生はマスコミ関係が多い。

さて、今日の話です。その同級生で、集まる機会があり、私が「昔、マスコミ志望だった」という話をしたら、今はマスコミの重鎮である同級生が、

「本郷、お前はジャーナリストは無理だよ、喧嘩できないだろ」

なるほど、腹オチしましたね。「実に私をよく見ている」と感心しました。

確かにジャーナリストの大きな資質は、喧嘩がうまいことです。論争をしなければなりません。私はジャーナリスティックに好奇心が強い性格ですが、喧嘩はとても苦手です。論争も下手ですしね。

ということは、私の天職は第一志望ではなく、結果、今の職業なんだ。神様はよく見てくれていた、この職業についてもう四〇年近く経って、やっぱり、「物事は必然だ」と、再々認識しました。

私は常々、「なんでも物事には偶然はない、必然だけだ」という考えですので、「やっぱり自分の職業も必然だったんだ」、こう思ったんですね。

ですから、動機やきっかけはそれぞれ違うでしょうが、今の職業に偶然就いたのではない。必然で、天職なんですね。ということは、せっかく天職を神様が選んでくれたわけですから、そこで一生懸命やらなきゃ損ですよね。起業したのは必然と思うことです。これが一番の良薬かな？

【事業はすべて必要条件】

――十分条件はない

よく起業は、若いほどいいと言います。確かに、体が動きますし寝なくても頑張れます。少々のプライドを傷つけられても、タフに振る舞えます。若い成功した経営者は、華やかです。ですから、「私も起業は若いにこしたことはない」と思います。

でも、それだけでは成功の一つのファクター（要素）にしかすぎません。マクドナルドの創業者のレイ・クロックは、五二歳での起業でした。それでも、世界最大のファストフードのチェーンに出来ました。

「若い起業」、これは成功の一つのファクター（要素）にすぎないのです。ですから、年齢で焦ることはないのです。

付き合いで、ゴルフあるいは、飲みが必要とも言います。「お前、ゴルフぐらいできなきゃ、仕事は取れないよ」なんて説く上司もいます。

また、「人脈づくりや仕事を取るためには、飲みに行って顔を売れ」とも言います。たしかに、ゴルフで人脈を広げ、仕事を拡大している人もいますし、飲み会で仕事を取れると言う人もいます。でも、これだって一つのファクター（要素）です。

ゴルフ好き、宴会好きが、全部成功しているわけではありません。十分条件ではないのです。「人柄が良い」これだけでは、経営者として十分ではないですよね。無能だったら、単なる良い人です。

私は良（善）い人悪い人の区別はない、「良い環境、悪い環境があるだけだ」と、思っています。

環境が良くなると、よい経営者に見えます。業績悪化した会社の経営者を見て、あの人がと、別人のように見えた経験を山ほどしています。

ですから、つくづく思いますが、経営者の最大の良薬は、好業績なんですね。

［職業の趣味化］

―「本郷さんの趣味はなんですか？」

よく聞かれます。でも、ゴルフもやらないし、海外に行ってもあまり観光も興味ありません。読書は好きですが、昔入院してヒマな時、「本が読める」と張り切ったことがありましたが、毎日本を読んでいるといやになるのですね。「又、今日も本か」とこうなります。

ゴルフ好きが、引退して「毎日ゴルフができる」と喜んで始めるといいます。が、大概の人はしばらくすると、「今日もゴルフか」とうんざりするそうです。

―「忙中閑あり」

人間は、忙しい中で好きなことをするのが、楽しいんでしょうね。若い頃は、「趣味はなんですか?」の質問には、「無趣味です。」あるいは、「読書です。」と照れくさいので、そんな答えをしていました。今では度胸がついているんでしょうね（笑）。「趣味は仕事です」こう答えています。

反応はさまざまで、「この人は可哀そうな人だ」と同情の眼で見る人もたまにはいますね（笑）。でも、「本郷さんそのうち、道楽になるんじゃないの?」。こんな風に茶化す人もいます。

──仕事の道楽化

私はさすがに、仕事を道楽と言う勇気はありませんが、「仕事を道楽」と言いきった人がいます。

私は、出身が岩手県一関市というところです。盛岡市に支部もあります。岩手県はあまり経済人で成功者がでませんが、鹿島建設の四代目社長の鹿島守之助さんは、数少ない岩手出身の大経営者でした。

その鹿島守之助翁は、仕事の道楽化と言っています。自筆のコピーを額縁に飾ってあるのを、岩手の企業の社長室で、何回か見ました。

「『趣味はありません』と言うと、鹿島守之助翁は、『じゃあ、仕事を道楽にしたら良い』と言われた。」鹿島建設の社内では、有名な話として残っているそうです。

ネット上に、「鹿島守之助 事業成功の秘訣二〇ヶ条」というのがありました。

これは、一九三〇年代半ばに鹿島守之助氏が発表した言葉だそうです。

第一条 「旧来の方法が一番いい」という考えを捨てよ。

第二条 絶えず改良を試みよ。できないといわずにやってみよ。

第三条 有能な指導者をつくれ。

第四条 人をつくらぬ事業は亡ぶ。

第五条 どうするかを研究せよ。

第六条 本を読む時間をもて。

第七条 給料は高くせよ。

第八条 よく働かせる人たれ。

第九条 賞罰を明らかにせよ。

第一〇条 なるべく機械を使うこと。

第一一条 部下の協力一致を計れ。

第一二条　事業は大きさよりも釣り合いが肝心。
第一三条　なによりもまず計画。
第一四条　新しい考え、新しい方法の採用を怠るな。
第一五条　一人よがりは事を損ず。
第一六条　イエスマンに取り巻かるるなかれ。
第一七条　欠陥は改良せよ。
第一八条　人をうらまず突進せよ。
第一九条　ムダを見付ける目をもて。
第二〇条　仕事を道楽とせよ。

「あなたは、どのぐらい経営に時間が割けますか？」

――多趣味は起業に向かない

「俺は多趣味だ」と豪語する人がいます。それはそれで、結構なのですが、起業はやめた方がいい。私が長年経営者を見てきましたが、業績を上げる経営者は、なにしろ「いつでも、どこでも経営を考えています」のべつ幕なしに、経営のことを考えています（枕元までメモを置いていますものね）。

すぐれた経営者の条件の一つは、経営のことを「考える時間が人に比べてめちゃくちゃ長い」。これは、私の長年の経験の結論です。

――そして、儲からなければ事業ではない

「事業というものは、儲かるものでなければ成り立たない。儲からなくてただ有意義だというのでは、結局長続きしないで、せっかくの有意義が有意義でなくなる。儲かる上に有意義ならなおさら結構だが、なんとしてもまず事業は儲かることが先決問題だ。しかし、この儲けを一人占めにしようなどと企てては結局失敗である。儲けるのはみんなで儲けなければならぬ。またみんなで儲かるようなものでなければ、いい事業、いい会社にはならない」（『私の財産告白』本多静六著・実業之日本社）

儲けてこそ、社会貢献ですものね。

――起業への覚悟

また、マクドナルドの創業者レイ・クロックが言っています。

「仕事とは、その人の人生にとって、ハンバーガーの肉のような存在である」

『仕事ばかりして　遊ばない人間はダメになる』という格言があるが、私はこれには同意しない。なぜなら、私にとっては、仕事が遊びそのものだったからだ。野球をして得るのと変わらない喜びを仕事からも得ていたのである」

繰り返します。そのぐらいの覚悟がなければ、起業してはいけない。

別に起業しなくても、もっと幸せな人生がいくらでもありますヽ（笑）。

［常識のウソ］

——動機よりも

名著『ビジョナリー・カンパニー——時代を超える生存の原則』（ジェームス・C・コリンズ著・日経BP社）の冒頭は一二の崩れた神話と称して、経営のいわば常識のウソを書いています。
一、すばらしい会社をはじめるには、すばらしいアイデアが必要である。
二、ビジョンを持ったカリスマ指導者が必要。

三、利益の追求を最大目的としている。
四、ビジョナリー・カンパニーには、共通した「正しい」基本的価値観が必要。
五、変わらない点は変わり続けることだ。
六、優良企業は危険を冒さない。
七、ビジョナリー・カンパニーは、誰にとってもすばらしい職場である。
八、成功企業は、綿密で複雑な戦略を立てて、最善の動きをとる。
九、基本的な変化を促すには、社外からCEOを迎えるべきだ。
一〇、もっとも成功している企業は、競争に勝つことを第一に考えている。
一一、ORでなくAND、両方手に入れろ。
一二、ビジョナリー・カンパニーになるには、経営者の先見性が必要。
エクセレントカンパニーでは、従来常識と言われたことは、ウソですよ、ということです。

私は、以上の一二を、そっくり起業する人に贈りたい。

私は、ビジョナリー・カンパニーの冒頭の一二を一九九五年の発売当時に初めて読んだとき、ピンと来ませんでした。でも今読み返しますと、スゴク腹オチします。納得するんですね。

私もよく「(会計事務所を始めるとき)目的を持っていましたか?」と聞かれます。答えは、

「ノー」でした。だって、実質、監査法人をクビになったわけですから、目的なんか持って始めたわけではありません。動機は、女にモテたいでも、なんでもいい。

前にも書きましたが、あまり、動機は、起業の成功と関係ありません。

［不成功のコツ］

――躓かないために

私も職業柄、起業の相談を山ほど受けました。

その経験則ですが、成功しない三原則というのがあります。
一、辞めた職場を否定して、その人たちと関係なく仕事する
二、やたら、マクロ経済の話をする
三、儲かってもいない前から、節税を言う
だって、まず、出身の人脈を利用しなきゃ損ですよね。まず、「身近な人脈、あとで新しい人脈を作る」これが順序だと思うんです。

日経新聞に書いてあることを言う人も、ダメですよね。「日本経済は……」なんて言ってい

る人です。でも、大企業ならいざ知らず、起業には、マクロ経済はあまり関係ありません。

それから、「儲かってから、節税の相談をしろ！」と言いたい（笑）。

――アイデアマンは、飽きやすい？

それに、あまりアイデアがいい企画も起業に向かないかな？　アイデアマンは、腕のいい経営者になる確率は少ないような気がします（統計を取ったわけではありませんが）。

これは、私の経験則です。アイデアマンは、飽きっぽいですからね。成功前に次の企画を考えてしまう。ですから、あまりに素晴らしい起業の企画と事業計画をみると、少し引きます。

企画に溺れるということがあるんですね。

【リーン・スタートアップ】

――でも決断は難しい

『リーンスタートアップ』（エリック・リース著・日経ＢＰ社）は題名の通り、リーン（lean）ですから、効率のよいムダのない起業を成功させるというような本です。

私もパラパラめくりましたが、翻訳本で、かなりのボリュームなので、全部は読みませんでした。ですから、間違っていたらごめんなさい。

「ムダのない起業プロセスでイノベーションを生みだす」

「リーン・スタートアップでは『地図を捨ててコンパスを頼りに進め』」

「プロダクトを生み出すための設計図には、プロダクトを開発する以上のコストがかかる。むしろ設計図などはじめから持たずに、市場の変化を敏感に感じ取るコンパスを手に柔軟に方向性を変えていく」（以上ネットより）

「そのためには、起業プロセスで絶えず仮説と検証を繰り返せ。間違った方向に行っていないかどうかをチェックせよ」

「リーン・スタートアップを支える根本的思想は、『思い込みを捨て、実験による検証という科学的な進め方をする』」（本書）

起業をする人の共通項は、夢ですからね。すると、自分で勝手に地図を描いてしまう。でもこの忙しい時代、激変の時代は、地図通り行かないことの方が多い。その地図すら、早々と陳腐化してしまいます。あっという間に夢が幻になってしまう（笑）。

「辛抱か、方向転換か」（本書）

起業プロセスで、これは実に悩ましい、私も経験したなー。迷うんですよね。その時は、飲んだ時決める。しらふより私の場合はうまくいったなー。

サントリーのビールみたいに四〇年で花開く例もありますし、アマゾンのように巨額の赤字を乗り越える例もあります。

でも、それにしても起業して成功することは、二階から目薬をおとして、目に入れる確率です。それだけに成功の美酒はうまい。

——努力の方向性

私が起業した時は、こんな本もありませんでした。今日のように変化の激しい時代でもなかった。ビジネスモデルなんてシャレた言葉もありません。

でもたまに考えるんですが、私がもう一度同じビジネスをスタートさせたらどうなるんだろうな？　なーんて（笑）。

当時と状況が違いますが、市場環境とか競合とかを考慮しなければ、半分ぐらいのスピードでできるような気がしますね。後で考えると随分ムダもしましたしね。

スタートアップ当時、同業の先輩に聞けば、大概の答えは、「本郷さん、一生懸命やればなんとかなる」心強いお言葉でしたが、何かが欠けていた（笑）。

私は、「方向性を持って、頑張りなさい」偉そうにこんなアドバイスを今は若い人にしています。「努力には方向性がある」孟子が言ったとされていますが、起業にその言葉こそふさわしい。

［真逆に考える］

――ビッグデータ

私の好きな言葉に、「腕のいい天気予報官は、データを見て空をみる」というのがあります。「データによる科学的分析も大事だけど経験による判断も大事」、「コンピューターも大事」。こんな風に勝手に解釈していますが、全く違っているかもしれません（笑）。

ところで、最近ビッグデータが注目されています。確かに、一枚のカードで決済端末のプラットフォームになりましたら、世界のデータが取れますし、そのデータは多くのビジネスに使えますものね。

——ビッグと言ったらスモール

でもビッグを考える前に、自社の過去の履歴から、ずいぶん今後に役立つデータが取れます。ある有名な経営者は、「五年分の自社の決算書を時系列に並べると、ホントに良く読める」と言って実践しています。前年比だけではわからないことが、わかるといいます。

お客様の獲得コストだって、簡単に分析できます。もっと言いますと、ネット社会は、欲しいデータが限りなくWEBで取れます。私は、講演のレジュメで欲しいデータのほとんどを、ネットからもらっています。

「ご近所のデータ」で十分役に立ちます。「ビッグと言ったらスモール」と考えてみませんか？

——俺のフレンチ

雑誌やテレビで取り上げられ、すっかり有名になりました。原価率六〇%以上と飲食の常識を破っています。回転率を上げて、勝負して、大成功しましたね。これだって、真逆思考で成功した例です。

冴えない業界を嘆かない

冴えない業界ほど、ビジネスの成功の可能性があります。ＩＴ業界は華やかですが、あっという間に主役が交代します。

でも、遅れた業界で成功しますと、ビジネスモデルが長続きしますし、新規参入がありません。

「冴えない業界に所属していると思って嘆かない。」これもビジネスの成功のコツかもしれません。

「単純、でも難しい」

経営は矛盾

経営は単純だといいます。

「入（い）るを量りて出（い）づるを制す」。収支が合えば経営は成り立ちます。ところが、経営は難しくもあります。経営はシンプル、でも難しい。教科書通りいかないんですね。

会社は、成長と安定をしないと言います。でもこれって矛盾そのものです。安定志向は、成長しません。でも成長志向は、不安定です。

急成長企業とは？　これは、竹馬に乗って、猛スピードで走るような企業です。

「顧客志向」となぜ敢えて言うのか。しかも人間の本性と真逆なことをしないと経営は成功しません。

顧客志向？　お客様第一？

でも、人間の本性は、自分第一ではありませんか？

ですから、敢えて顧客第一と言う？

ちなみに、我が業界（税理士業界）でも、「資格を取ってからが本当の勝負」といいます。

この言葉は、「資格を取って終わった人」がいかに多いかを表しています。資格取得が目的だったら、そうなりますよね。皆が、「資格を取ってからが本当の勝負」と思っていたら、別に敢えて強調しなくてもいいですものね。

――経営は欲深い

低成長時代は、成長とコストを分けろ！　と言います。

高度成長時代は、売上が増えますと、利益がついてきました。二一世紀のこれからの日本は、低成長時代まっしぐらです。単純に売り上げ増が利益に比例しないのですね。ですから、成長とコストを分けなければならない。

言い換えますと、「成長」もし、「利益」も追求する時代です。

王手も欲しい、飛車も欲しい。

だから経営は、苦しくもあり、楽しくもあります。私は、実務家です。でも理論も好きです。理屈がないと面白くないんですね。

POINT

経営者はさまざまな思考術を駆使し、企業を成長させ続けなければならない。
低成長期の現代は「成長」と「利益」の二兎を追う、ということを肝に銘じなければならない。

二、経営者の行動

「もし今、起業したらどうなんだろうか」

——時代は関係ない？

たまに考えるのですが、今、新しく会計事務所を作ったら、どうするんだろうか？　どんな手を使うんだろうか？　ちょっと考えますと、私が開業した時より、よほど経営環境が厳しいですから大変です。

でも、いつの時代でも起業は大変です。私が開業した時も、「よくやるな」とか、挨拶に行った先輩に「なんで監査法人を辞めた」と説教されたことも覚えています。

私が、同業の前で、「開業」や「マネジメント」をテーマにして、しゃべる機会が過去にも何回かありましたが、いつも題名は「今、危機にある会計事務所」でした（笑）。

確かに、今は昔よりも、経営環境が圧倒的に厳しくなりました。日本の経済も右肩下がりです。多分、よほどのことがない限り、再浮上はしないでしょう。ですから、企業間競争も激しくなっています。

でも、三〇年前より、起業しやすい環境が揃ったことも事実です。インターネットの普及も当時はありませんでしたしね。マーケティングの手法も、考えられないぐらい進歩しました。オンライントレードも可能です。

また、成長のスピードも考えられないくらい速くなっています。開業五年目で、顧問先五〇〇件、年商五億円を越えるという事務所もあります。

これは、今の成長スピードでは考えられないことですね。ちなみに、私は、一億円の年商をあげるのに、一〇年かかりました。

たまたま、同業の話を書きましたが、他業種でも成長のスピードが速いですよね。

ですから私個人的には、起業するのにいつの時代がいいか？　なんて関係ない気がします。

――ベンチマークは他業種も視野にいれて

たまに、うちから独立した人が挨拶に来ます。しゃべってみますと、弊社の同期で同じように独立した人が気になるんですね。一生懸命お互いにホームページを見ているようで、「焦ります」なんてコメントをしばしば耳にします。気持ちはよくわかりますし（笑）、それも大事ですが、もっと大きなトレンドも見ないと片手落ちになります。

例えば、同業種で伸びている会社のベンチマークをするとか、もっと言えば、他業種で参考になる会社をウォッチすることなどは、もっと大事です。私の経験では、業種を越えた方が参考になります。ビジネスは基本的にどの業種でも一緒ですから、一番いい会社を参考にする方がいいですよね。でも勉強しただけではダメですよ、実行しなければ！　とりあえずやってみる、これがとても大事です。

うちから独立して、地方都市で開業した人がいます。私は「商売が大変だろう？」と思って聞きましたが、「そんなことはない。地方の同業者は、高齢化が進んでいて、毎年何人かが亡くなるので、仕事に困らないんです」との答え。

これはヒントです。業種を問わず、地方の会社は、老齢化が進んでいます。地方は競争が都会より熾烈、しかも高齢化が進んでいるとすると、どこの地域で起業するか？　これも起業のうえで、大事な検討項目ですよね（生まれ故郷へ帰るという発想でなく、事業はどこでも、可能性があるところに行く、これが大事です。最初は知人がいなくて大変ですが、私の経験では、よそ者の方が成功の確率が高いですね）。

［ベンチマークとロールモデル］

――まず情報収集

昔、ヤクルト・スワローズに若松勉という名選手がいました。小柄でしたが、一流のバッターでした。プロからのオファーがあった時、入団するかしないか、体力への不安から悩んで、球場に足を運び、実際のプロの選手を見て、これなら自分もやれると入団を決意したそうです。今で言うベンチマークですよね。

開業時代の話に戻るのですが、私は、ホントに税務の事務所がどういうものか正直わかりませんでした。ヒマだったせいもありますが、よく同業者のセミナーに参加した記憶があります。同業のセミナーは、案内がほとんど来ますので、その気になりますと、いくらでも情報が取れます。今は、ネット時代です。もっと情報収集が容易です。

当時の日経新聞でしたか、「セミナーを前に座って聞く人は、後ろで聞く人より成功の確率が高い…」。こんな記事を頼りに、できるだけ前で聞くようにしました。セミナーは、今も昔も、ほとんどが、後ろから埋まりますよね。

又、その当時スーパーが勃興期でした。ダイエーの故中内功オーナーとか、イトーヨーカ堂の伊藤雅俊名誉会長が、一番前でペガサスの渥美俊一さんのセミナーを聞いているなんて話がまことしやかに流れていました。

「ほんごうハン、どこでもかぶりつきで見なあしゃないでー」。関西出身の先輩の名言です（笑）。

セミナーや業界紙の記者からの情報収集はだいぶ役に立ちましたね。又、会計業界だけを回っているコンピューターの営業マンからもよく話を聞いたていことも記憶にあります。なにしろ、時間だけは腐るほどありましたから。

日本人は人がいいので、なんでもしゃべり、教えてくれるとよく言います。隠し事ができないんですね。ですから、その気になりますと、なんでも学習できます。飲みに行きますと、紙ナプキンで、丁寧に書いて教えてくれる人もいます。同業かどうかお構いなしです。

三沢千代治さんというミサワホームの創業者がいます。講演で言っていたのは、「情報に頭を下げなさい」でした。これは今でも、私の刷り込みです。

［ビジネスは山登りである］

――てっぺんを目指すために

山登りをちゃんとした経験がない私が言うのはおこがましいのですが、ビジネスは山登りに似ているんではないかな？　と思います。山も、ビジネスも、登山口はそれぞれ違っても、目指す頂上はただ一か所です。

最初は、近場の山です。友達と登ったり、仲間と登ったりはしますが、基本的に一人、自分自身だけで山頂を目指します。そして、登山口から歩きます。これを小企業としましょうか、基本的に最初から最後までなんでも自分でやらなければなりません。

山に凝ってきますと、もっと高い山に登りたいと思います。例えば、富士山に登るとしましょう。今度は、一合目からは登りませんよね。五合目までは、車を使います。その方が、ラクに頂上を目指せます。五合目までを、「システム」とか、「ＩＴツール」とか、（今はやりの）「仕組み」だとかに置き換えてみます。これを、仮に、中小、中堅企業とします。規模が大きくなれば、システム構築は不可欠ですよね。

さて、仮にエベレストを目指すとします。自分一人では、絶対登頂できません。シェルパ等、組織が必要です。それも、優秀なシェルパ、チームでなければ命を落としてしまいます。お金も必要です。グローバルですから英語も必要です。そして、頂上を目指すには、幾多の困難が伴います。困難を克服しなければ、そして運がなければ頂上までいけません。これが、大企業でしょうか?

少しエラそうでスミマセン。

「経営は、終わりのないマラソン!」

――自分自身との戦い

経営は短期的にも勝たなければならないし、ましてや、長期的に勝たないとなんの意味もない。しかも、経営は静止画ではありません。動画です。行程がない長い道をひたすら歩かなければなりません。

現代の「ピーター・ドラッカー」と言われる、ジムコリンズの『ビジョナリー・カンパニー』に次の一節があります。南極点を目指してスコットに勝利したアムンゼンの記述です。(『ビジョ

ナリー・カンパニー　第四巻　自分の意思で偉大になる』ジェームズ・C・コリンズ著、日経BP社）

「南極探検の全行程で、アムンゼンは一定の行進ペースを一貫して維持することに徹していた。天候が良くても決して無理しなかった。隊員を疲弊させて危険にさらすことがないようにするために、絶対に一線を越えないように用心に用心を重ねた。同時に、ひどい天候でもペースを落とさないように隊員にハッパを掛けた」

「アムンゼン隊と同様に、企業は自制を働かせるために二〇マイル行進を実践する。恐怖におののいているときでも、『いまがチャンス』という誘惑にかられているときでも、一貫したペースで行進する。二〇マイル行進を実践していれば、目標達成に向けて集中できる。チームの誰もが工程表を認識し、工程表順守の重要性を認識しており、決して軌道から外れることがない」

言うは易しで、実は、これも難しい。好調の時、失敗の芽がありますからね。

経営は長期戦です。真のライバルは自分、でも、一時の勝ち負けに一喜一憂するのも、経営者です。

［中小企業の「社長は一人三役」］

――アバウトで良い

中小企業のトップは、社長と専務を兼ねなければならない、と古くからよく言われます。経営戦略を考える社長の役割、ガツガツと細かくビジネスを実行する専務の役割。それに、営業を仕切る、営業部長。

ですから、社長は一人三役をこなさなければならない。

営業部長は、営業戦略と現場の営業部隊の管理の二つをこなすこと。営業も細かく分けますと、一人二役になります。

個々の営業が強くても戦略が貧弱だと息切れしますし、また､営業戦略が優れていても､個々の営業が貧弱ですと、売り上げはあがらない。

理想的な話を書きましたが、実務的には一〇〇%徹底できなくても、くよくよしないこと。社長（トップ）は、アバウトでタフが良い（笑）。段々、人数が増えますと、実行部隊が育ちますから、実務はある程度任せても大丈夫になります。

「眠らないウサギになれ！」

――ライバル企業に追いつかれるな

眠らないウサギになれ！　これも大事なことです。イソップ寓話のウサギとカメではないですが、ウサギは昼寝しなければ、負けませんでした。

起業したら、ひたすら走り続けることです。結構この寓話のように、小さな成功で昼寝する会社（社長？）がいるんですね。

私は、そんな会社を山ほど見てきました。寝ている間に追いつかれてしまう。追いつかれたら、もう負けです。追いついた会社は、加速がついていています。あっという間に、逆に離されてしまいます。

「トレンドを見間違えるな！」

――常に流行のアンテナを

社長の大きな役割は、変化を読み取ることです。

昔、よく引き合いに出したのは、「寅さんのタコ社長」でした。もう古くなりましたが、映画でいつも忙しい忙しいと汗をかいていて、ちっとも儲からない。

もうひとつ、宅急便のハンコを自ら押しに行く社長。良い人なんでしょうが（笑）。これだけでは、社長ではないですよね。

世界で最強を誇った日本の電機メーカーだって、トレンドの読みを間違えました。スマホへの大きな変化を読み切れなかった？ それでも、大会社はまだ体力があります。でも中小企業は、トレンドを間違えると、ひとたまりもありません。

変化のネタは残念ながら、社内にはないのも事実。ネタは、社外かな？

寺山修司の『書を捨てよ、町に出よう』（角川文庫）という有名な本があります。私個人的には、町に出るのも大事、でも、書物も大きなニュースソースになります。

私の経験でも一冊の本の一節で、パッと、明るく閃くということが、しばしばありました。本は実に安い。私は、開業当初から、今書いたことに気が付いていたわけではありません。だいぶ歳をとってから、気が付きました。気づくのは早い方がもちろんいい。

［文書化］

――文書化していないと組織的戦いができない？

良品計画の松井忠三会長は、ベストセラーになっているご自身の本の中で、「あらゆる仕事を標準化する」と、こう書いていています。「それぐらい、口でいえばわかるのでは？」と思われるようなことまで文書化する。（『無印良品は、仕組みが9割』松井忠三著・角川書店）

ナポレオンは、軍事の天才だっただけでなく、膨大な「ナポレオン法典」を作りました。ナポレオンは、ルールとキマリがなければ、組織や大きな軍隊は動かせないと思っていたんでしょうね。ナポレオンは、文書化で、軍事の天才と言われた？

――豊臣秀吉の文禄・慶長の役の敗因も、文書化の差？

文禄・慶長の役の敗因も、日本は加藤清正の虎退治に見られるように、属人的、個人の軍事能力で戦いました。一方、朝鮮側はシステムで戦っていたのですね。戦い方、兵站にいたるまで、方針を決めて戦っていたとされています。（『荻生徂徠の経営学』船橋晴雄著・日経ＢＰ社）

その戦い方を実践するためには、文書化が不可欠です。

私の理想は、部下が上司に質問したら、「何ページのどこどこを見よ」と言うだけで、解決するような文書化です。

でも点数でつけますと、まだまだ弊社は一〇点以下です。頑張らなきゃ（笑）。

――組織を見直したいとき

マッキンゼー流7Sというのがあるそうです。参考になります。

「7S」のハードとソフト

［ハードのS］

【Strategy（戦略）】

市場開拓、シェア拡大、コスト削減、新製品開発など、事業の優位性をつくり、事業のベクトルを定める活動と、そのための計画

【Structure（組織構造）】

組織形態やマネジメントの体制、部門間の役割分担など事業を遂行するうえで、必要な人やモノの動きを規定するもの

【System（社内のシステム）】

事業のオペレーションから財務に至るまでの事業に必要な情報システム、経営計画や予算の管理、意思決定の仕組み、人事評価、採用育成の仕組みなど

［ソフトのS］

【Style（組織文化）】

経営のスタイル（トップダウン、ボトムアップなど）や社風（革新的・保守的など）、暗黙の企業文化、伝統

【Skill（組織に備わる強み）】

組織として持っている優位性（技術力、開発力、マーケティング力、営業力、サービスなど）

【Staff（人材）】

組織に属している、さまざまな能力、経験、ポテンシャルを持った人材

【Shared Value（共通の価値観）】

組織全体で共有する理念・ビジョン・目標や事業活動を行ううえで、拠り所となる価値観など

(『マッキンゼー流入社1年目問題解決の教科書』大嶋祥誉著・ソフトバンククリエイティブより)

――組織をぶっ壊したいとき?

昔、おやじの「ちゃぶ台返し」というのがありました。若い人は知らないでしょうが、要するに、頭に来てごはんやおかずが置いてあるテーブルごとそのままひっくり返すことです。社長はたまにある筈です。でも、ガマン、ガマン、そして耐える(笑)。

[深く考えやさしく伝える]

――指示を一〇〇%伝えるのは無理?

トップの必要不可欠な資質の一つは、コニュニケーション能力です。これは多分異論のないことでしょうね。「そうではない」と、これに反対する人はいないでしょう。

でも、実際伝え方ぐらい難しいことはありません。トップの端くれを長年やっていても、正直いまだにうまく伝えられません（笑）。

「伝える技術」がブームですが、テクニックだけでうまく伝えられるわけでもありません。能弁だから、うまいという話でもないしね。

私の経験から、伝え方のコツは単純です。部下が「わかりました」と言ったら、相手は、かなり「わかっていない」（笑）。

そこで、私が言ったことを部下にを繰り返させる。相手はムカッと来るけどね（笑）。でも最近は品が良くなりまして？　これはやっていません（笑）。

成程なーと思ったのは、次の記事でした。

（伝え方五ヶ条）

・本質を一言で表す
・優先順位を明示する
・伝える内容を絞り込む
・同じことを言い続ける
・身近な比喩を用いる

（『日経トップリーダー』二〇一三年三月号）

これができたら、達人の域です。

［始末］

――分解するとは、「分けるとよくわかる」

心理学者が若い女性向けのセミナーを開いた。「デートの待ち合わせで、カレ氏の心理がわかります」

実は分けすぎても複雑になってわからないのですが、程々で「始末」するのもコツです。これを「塩梅」「按配」と言い、配合の妙を言います。実に日本語は芸術品です。

会計的に分解しますと……会計は、理屈は単純です。売り上げを伸ばし、経費を減らせば利益が出ます（実行は実は難しいのですが……）。

――売り上げを分解

売り上げを分解すると、客単価×数量（客数）。

客単価を分解すると、商品単価×アイテム数。

アイテム数を増やすことを、お客様の「深堀り」と言います。でもやたら増やしますと、効率が落ちます。「塩梅」が必要です。

客数を分解すると新規＋既存客（リピート客）。

小売業は、毎年かなりの率で既存客が入れ替わります。ですから、客数の純増は、新規＋既存客－失客　になります。

すると売り上げを上げるには

売り上げ＝客単価（商品単価×アイテム数）×客数（新規＋既存客－失客）

となります。

新規獲得だけでなく、失客も減らさなければなりません。

――たまねぎ経営

なにかありそうだと思って、分解してみると剥いても剥いても何も出てこない会社を、玉ねぎのような会社と言います。

全部剥いたら何も残らなかった。分解しすぎると何も残らない（笑）。

[とにかく体を動かせ]

——成功のヒントは社外にあり

仕事で行き詰まったとき、経営で壁に当たったときに一番よくないのは、独りこもって頭で考えてしまうこと。

そんなときは思い切って外に出ることです。たとえば、知人のオフィスを訪ねてみる。講演会やセミナーなどに顔を出してみる。体を動かすと頭もリフレッシュするし、外に出ることで気づかなかったいろんなヒントを発見することがあります。

私自身、四〇代の頃に仕事でひとつの壁に当たりました。身体を壊したこともあるし、何か突破口はないものかと悩んだこともありました。そんなときに足を運んだセミナーで、マーケティングの重要性を知り、経営の新しい方向を見出した経験があります。

魚のいないところで釣りをしても魚は釣れません。でも、漁場に魚がいなかったら、釣れなかったら、移動すればいいのです。

どこが釣れるポイントか？

実はそれを初めから知っている人などほとんどいません。とりあえず動いてみる。体を動かして人に会う、話を聞く。いろんな話を聞くうちに、どこがポイントなのかがおのずと見えてきます。あるいはまったく予想もしていない場所で、大魚に遭遇することもあるかもしれません。

私の場合は、前に書きましたように、相続関連の仕事をしている先生に出会ったことも大きな転機になりました。

自分の専門外で、考えてもいなかった分野でしたが、相続の仕事は単価も高く、当時の私にとってはまさに大魚でした。

そのきっかけを与えてくれた人に出会えたのも、やはりこまめに体を動かしていたからだと思います。ぜひあなたも頭で考えているだけではなく、いろんなところに顔を出し、いろんな人と知り合うことで「大きな魚」に出会ってください。

「意識が変われば、行動が変わる。行動が変われば、結果が変わる」

——無駄な努力はやっぱり無駄

これは、私の親しい社長が好んで使う言葉です。私はこの言葉が大好きです。サービス化した社会は、働きの主役が、人間です。意識によって、成果が随分違います。意識を前向きに変え続けることが、勝者のファクターである、といつも私は思っています（実務的には、大変ですが、でも、トップがこの意識を無くしたらその企業は終わりですね。）。

一方、「努力には方向性がある」。私は、この言葉も大好きです。これは、中国の孟子が言ったとされる言葉ですが、この言葉も身に沁みます。

私が開業してからの三〇代は、ほとんど休みなく働きました。でも今思うと、この言葉を知っていたら、少し行動が科学的になったんではないかな？

「随分無駄をしたな」と思うことは山ほどあります。よく、「人生無駄なことはない」と言う人もいますが、私は「無駄な努力は、やっぱり無駄だな」と……（笑）。

絶えず、フィードバックを繰り返す。今思うと、この作業が足りなかったと感じますね。

「〝ウラ〟を取れ！」

自分の目で確かめてみる

評判のとても悪い人と直接会ってみると評判と違っていた、という経験がありませんか？

昔のことですが、当時ケチで有名な芸能人と食事をする機会がありました。

その人が、「自分は『食事の時、勘定する際は、トイレに行って払わない』。そうやっていつも取材しないで書かれるんだよね」と、嘆いていたのを今でも覚えています。

かように、人間は人のうわさとか、周りからの評判に、左右されます。これは、ネガティブ・バイアス（偏見）が、どうしても働いてしまうからです。

でも、ワイドショー感覚ならそれでもいいでしょうが、経営者としては、そのバイアスを信じて、せっかくのビジネスチャンスを失ってしまうかもしれません。

ですから、〝ウラ〟を取ること、自分で確認すること、これは、いつも自分に言い聞かせています。

さて、よくある〝バイアス〟には、次のようなものがあります。

正当化バイアス………人は、うわさを聞くと、それを正当化する情報に目が行ってしまう

正常性バイアス………危険な兆候を示す情報があっても、信じない

楽観主義バイアス……根拠のない、ポジティブシンキングに陥りがち

自己奉仕バイアス……成功の原因は自分にある、失敗の原因を外部のせいにする
損失回避バイアス……損失を確定したくない心理が働く
（参考…『意思決定のマネジメント』長瀬勝彦著・東洋経済新報社）
バイアスを持たず、客観的に判断する！
トップの大きな資質の一つですが、自分のことを考えても、難しいなー（笑）。

［あそこがやっているから］
――ターキーの尻尾切り

こんな寓話があります。

クリスマスにターキーの料理をする際、皆、尻尾を切るそうです。ある家で娘さんが疑問をもってお母さんに聞きました。

「お母さん、どうして尻尾を切るの？」

「おばあちゃんが切っていたから」

おばあちゃんの答え、

「尻尾を切らないとオープンに入らなかったから」

――マネてみる

マネしたくなくても、してしまう。例えば、電気やガスの節約を呼びかけたとします。次の呼びかけのうち、一番効果があるのはどれでしょうか？

①環境のため……………………節約しよう
②社会のため……………………節約しよう
③出費が減るから………………節約しよう
④みなもやっているから……節約しよう

（『ヤバい経営学』フリーク・ヴァーミューレン著　東洋経済新報社）

答えを考えてみてくださいね。

実際、一番電気使用料が減少したのは、「みなもやっているから」でした。自分では、他人と関係ない、自分自身で意思決定する、人と同じことはしたくない、こう思っています。

でも、知らず知らず周りの影響を受け、他の人がやっていることをなんとなくマネしてしまう。

経営も一緒です。「あそこが始めたから」「あそこがやっているから」。逆に役員会で通りやすいのは、その説得の仕方です。

そこで、私なりの結論です。

一、マネるなら、徹底的にマネる。死んでもマネする（笑）。

二、マネしないなら、常識と真逆な行動を徹底する。

中途半端が一番悪いのかな？

POINT

企業経営は頂上が見えない登山であり、終わりのないマラソンでもある。休むヒマもない。常に情報にアンテナを張り、走り続けなければならない。

［参考文献］

『日経ビジネス』2011年10月3日号、日経BP社

『致知』2013年3月号、致知出版社

『私の財産告白』本田静六著、実業之日本社

『レイヤー化する世界』佐々木俊尚著、NHK出版新書

『経済史から読み解く原理原則』
井上義朗著、『週刊ダイヤモンド』二〇〇八年一〇月二五日号掲載

『国家』プラトン著

『ビジョナリー・カンパニー—時代を超える生存の原則』

ジェームズ・C・コリンズ著、日経BP社

『リーン・スタートアップ』　エリック・リース著、日経BP社

『ビジョナリー・カンパニー　第4巻　自分の意思で偉大になる』
ジェームズ・C・コリンズ著、日経BP社

『書を捨てよ、町へ出よう』寺山修司著、角川文庫

『無印良品は、仕組みが9割』松井忠三著、角川書店

『荻生徂徠の経営学』舩橋晴雄著、日経BP社

『マッキンゼー流入社1年目問題解決の教科書』
大嶋祥誉著、ソフトバンククリエイティブ

『日経トップリーダー』二〇一三年三月号、日経BP社

『意思決定のマネジメント』長瀬勝彦著、東洋経済新報社

『ヤバい経営学』フリーク・ヴァーミューレン著、東洋経済新報社

『ソーシャルシフト—これからの企業にとって一番大切なこと』
斉藤徹著、日本経済新聞社

『パワーシフト—21世紀へと変容する知識と富と暴力〈上・下〉』
アルビン・トフラー著、中央公論新社

［プロフィール］

本郷 孔洋（ほんごう よしひろ）

公認会計士・税理士

辻・本郷 グループ会長。辻・本郷 税理士法人前理事長。

早稲田大学第一政経学部卒業、同大学大学院商学研究科修士課程修了。公認会計士登録。

辻・本郷 税理士法人を設立し、理事長としてスタッフ1000名、顧問先数10000社の国内最大規模を誇る税理士法人へと育て上げる（現在はグループ全体でスタッフ総数1600名、顧問先12000社）。会計の専門家として会計税務に携わって30余年、各界の経営者・起業家・著名人との交流を持つ。2016年より現職。

東京大学講師、東京理科大学講師、神奈川大学中小企業経営経理研究所客員教授を歴任。

「税務から離れるな、税務にこだわるな」をモットーに、自身の強みである専門知識、執筆力、話術を活かし、税務・経営戦略などの分野で精力的に執筆活動をしている。近著に『経営ノート2019』『資産を作る!資産を防衛する!』（いずれも東峰書房）ほか著書多数。

辻・本郷 グループ

●辻・本郷 税理士法人
●CS アカウンティング株式会社
●辻・本郷 ビジネスコンサルティング株式会社　他

2002年4月設立の辻・本郷 税理士法人を中核とした企業グループ。 東京新宿に本部を置く。

日本国内に60以上の拠点、海外に7拠点、スタッフ総勢1600名、顧問先12000社の国内最大規模を誇る税理士法人としての業務にとどまらず、企業再生やM&A、事業承継、更には不動産業や保険業、医業コンサルティングやハンズオン投資など多角的に事業展開する。

顧客の立場に立ったワンストップサービスとあらゆるニーズに応える総合力をもって多岐にわたる業務展開をしている。

辻・本郷 グループ（辻・本郷 税理士法人）
〒160-0022
東京都新宿区新宿4丁目1番6号　JR 新宿ミライナタワー 28 階
電話　03-5323-3301（代）
FAX　03-5323-3302
URL　http://www.ht-tax.or.jp/

私の起業ものがたり

2014年2月26日　初版第1刷発行
2019年9月11日　初版第2刷発行

編著　本郷 孔洋
発行者　鏡渕 敬
発行所　株式会社 東峰書房
〒150-0002 東京都渋谷区渋谷3-15-2
電話　03-3261-3136　FAX　03-6682-5979
http://tohoshobo.info/
装幀・デザイン　小谷中一愛
印刷・製本　株式会社 シナノパブリッシングプレス

ISBN: 978-4-88592-161-2　C0034